임동석중국사상100

백가성
百家姓

作者未詳 / 林東錫 譯註

錢鏐 五代 南唐의 군주 《백가성》과 깊은 관련이 있는 듯하다.

象犀珠玉怪珍之物有悅於人之耳目而不適於用金石草木絲麻五穀六材有適於用而用之則弊取之則竭悅於人之耳目而適於用用之而不弊取之而不竭賢不肖之所得各因其才仁智之所見各隨其分而求無不獲者惟書乎

丁亥菊秋錄東坡李氏山房藏書記 丘堂 呂元九

"상아, 물소 뿔, 진주, 옥. 진괴한 이런 물건들은 사람의 이목은 즐겁게 하지만 쓰임에는 적절하지 않다. 그런가 하면 금석이나 초목, 실, 삼베, 오곡, 육재는 쓰임에는 적절하나 이를 사용하면 닳아지고 취하면 고갈된다. 그렇다면 사람의 이목을 즐겁게 하면서 이를 사용하기에도 적절하며, 써도 닳지 아니하고 취하여도 고갈되지 않고, 똑똑한 자나 불초한 자라도 그를 통해 얻는 바가 각기 그 자신의 재능에 따라주고, 어진 사람이나 지혜로운 사람이나 그를 통해 보는 바가 각기 그 자신의 분수에 따라주되 무엇이든지 구하여 얻지 못할 것이 없는 것은 오직 책뿐이로다!"

《소동파전집》(34) 〈이씨산방장서기〉에서 구당(丘堂) 여원구(呂元九) 선생의 글씨

책머리에

    어릴 때 내 살던 동네는 온통 순흥안씨 집성촌으로 타성은 우리 집과 그 외 몇 집이 있을 뿐이었다. 그리고 동네는 '성成'자 돌림과 그 아래 항렬 '호鎬'자 돌림으로 내 또래는 삼촌, 사촌, 오촌, 8촌으로 그를 통해 나는 누가 누구와 몇 촌이며 그 할아버지는 같은 사람이었고 그 고모는 어떻게 가계가 얽혀있는 것이려니 하고 자연스럽게 배울 수 있었다. 그러면서 한편으로는 망골산 끝자락 우리 집은 그저 부모님과 우리 3남매가 오롯이 별세계에서 온 이방인처럼 느끼곤 하였다. 이에 아버지가 보물처럼 간직하고 있던 집안 대동보와 파보를 펼쳐놓고 설명을 듣고는 비로소 우리는 이렇게 살아왔고 우리 할아버지는 형제 중 몇 째이며 누구의 할아버지는 우리 할아버지의 아우이며 나아가 우리 집에 드나들던 작은 아버지는 셋째 할아버지가 아들이 없어 양자로 갔다는 등 내력을 알게 되었다. 그리고 백부, 숙모, 고모, 이모, 당숙, 이종, 고종, 외조모, 외당숙이 무슨 관계인지 헷갈릴 때면 어머니는 땅에 계보를 그림으로 그리면서 설명해 주곤 하셨다.

    세월이 흘러 친척도 제 살길 바빠 흩어지고 나아가 핵가족이니 외아들 외딸이니 하는 시대 흐름에 따라 도시생활, 산업화의 바쁜 일상으로 점차 소원해진 혈족 관계는 이제 내 딸에게 아무리 그런 관계를 설명해 주어도 그저 이는 학습 요소일 뿐 현실적으로는 피부에 와 닿지 않는 사어死語로 묻혀가는 것이 아닌가 허망할 때가 있다. 이러한 현상 속에 건조함을 넘어 '한 다리 건너 천리'요 '원친불여근린遠親不如近隣'의 안타까움 속에 그저 결혼식이나 경조사에 마지못해 가야 하는 부담감으로 다가오고 있으며, 눈에 멀어 마음에도 멀어지는 세태를 힘겹게 살고 있는 군상 중의 하나가 된 것이다. 우리는 지금 농업 사회의 정착민이 아니라 도시 속의 유목민이 되어 뿌리 없는 부평초가 된 채 박제된 족보를 껴안고 있는 셈이 되고 만 것이 아닌가 한다. 민족 전체의 역사에 대해서는 털끝만큼의 오류나 한 줄이라도 잘못된 서술이 있는 역사교과서가 나타나면 온 국민이 신경을 곤두세우고 반응을 보이면서 어찌 내 핏줄의 내력에 대해서는 무지한 상태로 생육을 이어가고 있는가?

우리는 누구나 성씨를 가지고 있다. 적어도 우리는 그 뿌리에 대하여 아련한 향수를 가지고 있다. 그럼에도 나의 이 성씨가 어떤 연유를 가지고 지금 나를 형성하고 있는지에 대해서는 신화 속의 일처럼 여기며 제대로 파악하지 못하고 있는 사람을 가끔 보게 된다. 현실이 급하고 그저 생업이 바쁜 때문이리라.

이에 우선 고전 역주의 한 분야로 중국 《백가성》을 들여다보았다. 중국 송나라 때 나온 것으로 504개의 중국 성씨를 운韻에 맞추어 정리한 지극히 평범하고 하찮은 아동용 몽학서蒙學書이다. 중국은 지금도 책방마다 이 책이 《삼자경三字經》,《천자문千字文》과 함께 소위 '삼백천'三百千이라 하여 어린이 도서 첫머리에 진열되어 쉽게 접할 수 있게 되어 있다. 나아가 중국 어린이라면 누구나 "조趙(Zhào), 전錢(Qián), 손孫(Sūn), 리李(Lǐ)"하고 운에 맞추어 입에 줄줄 외우며 다닌다. 그리고 어린 시절 이를 통해 주위 사람의 성씨를 익히고 아울러 한자도 자연스럽게 익히는 이중 소득을 얻고 있다. 지금 만나는 중국인에게 이 《백가성》 이야기를 꺼내면 즉시 "아, 내 어릴 때 외우느라 고생했지요. 조전손리趙錢孫李……라구요"하며 입에 한참을 쏟아낸다. 우리도 중고등학교 때는 교복 가슴에 한자 명찰을 달고 다녀 이를 통해 한자도 알고 성씨도 알았다. 지금 기억에도 '남궁南宮, 간簡, 감甘, 도都, 제諸, 가賈, 표表' 등 몰랐던 희귀한 성씨도 있구나 하고 느꼈던 기억이 생생하다.

중국에는 지금 성씨를 통한 뿌리 찾기에 열기가 한창 달아오르고 있다. 지난 여름 산서성山西省을 여행할 때 교가대원喬家大院, 거가대원渠家大院, 왕가대원王家大院, 삼다당三多堂, 조씨호택曹氏豪宅 등을 둘러보며 자료를 모을 기회를 얻었었다. 그 외 그곳에는 온통 성씨별 장원莊園과 항진巷鎭이 즐비하였는데 모두가 자신의 성씨 뿌리 찾기인 '심근려유尋根旅游' 팀을 만들어 찾아온 탐방객으로 발 디딜 틈이 없을 정도였다. 그리고 지난해에는 멀리 운남雲南 루구호瀘沽湖 나시족納西族 모쏘인摩梭人의 모계사회 원형도 살펴볼 수 있었다.

우리나라 성씨도 중국에 연원을 두고 있는 성씨가 적지 않다.
이를테면 필자만 해도 평택임씨平澤林氏《대동보大同譜》에는 "우리 임씨의 득성에 대한 설은 두 가지이다. 하나는 당요唐堯 때 어떤 신인이 기주 태원현의 쌍목 아래로 내려왔는데 모습이 위대하고 재지가 뛰어나 임씨 성을 하사하였다는 것과 또 하나는 은나라 왕자 비간의 아들이 자가 견으로 장림산에 은거하여 임자를 성씨로 삼았다는 것이다"(吾林得姓之源有二說: 一唐堯初, 神人降于冀州太原縣雙木下, 容狀甚偉, 才智過人, 因以賜姓林氏云. 一殷王子比干之子諱堅, 隱於長林山, 故以林字爲姓云)이라 하여 아예 중국 성씨에 근원을 두고 있으며, 한국에서의 평택임씨가 있게 된 〈환관사유환관사유還貫事由〉에는 "팽성은 평택의 옛 이름으로 한림학사를 지낸 휘 임팔급이라는 분이 당나라에서 참훼를 입어 쫓겨나 팽성의 용주방에 정박하게 되었다. 뒤에 평택백에 봉해졌으니 이가 바로 우리 동방 임씨의 시조이다"(彭城, 平澤古號. 翰林學士林公諱八及, 自唐被讒見逐, 來泊于彭城龍珠坊, 後封平澤伯. 卽東方吾林之始祖也)라 하여 당나라 한림학사를 지낸 휘諱 임팔급林八及이라는 분이 중국에서 핍박을 받아 한반도로 건너와 지금의 경기도 평택에 자리를 잡고 뒤에 평택백으로 봉을 받아 첫 임씨 시조가 된 것으로 되어 있다.

이처럼 중국에서 온 귀화하여 동방의 성씨가 된 내력으로부터 아예 중국 지명을 본관으로 그대로 쓰는 예도 있으며 중국 성인이나 귀인의 성씨라고 자랑스럽게 여기는 경우도 있다. 따라서 이《백가성》은 우리 성씨를 연구하고 득성의 내력을 밝혀낼 수 있는 소중한 자료임에는 틀림없다.

그러나 지금 우리는 성을 모두 한글로만 표기하고 나아가 원음도 지키지 않음으로 인해서 성씨의 구분이 어렵고 변별지표로써의 기능도 퇴색되어 가고 있다. 나아가 경우에 따라서는 부계중심에서 모계까지의 선택도 가능하여 이제 이름 앞에 붙는 대단위 포괄적 성씨로 의미가 확대되어 가는 것이 아닌가 여겨진다. 물론 시대의 흐름을 거역할 수는 없지만 그래도 법률 문서에는 한자로 병기하여 그 뿌리가 어딘지 정확히 알 수 있도록 해야 할 것이 아닌가 한다. 이《백가성》은 그러한 의미에서 우리의 성씨에 대한 선행 연구 자료로 우선 초보적인 해석서를 내놓게 되었다. 물론 중국 성씨학이나 보학에 깊은 연구나 견식이 있는 자가 아닌 필자로서는 그저 중국의 자료를 모아 번역 역주한 정도에 그친 정도임을 이해해 주기를 바란다.

                茁浦 林東錫이 負郭齋에서 적다.

일러두기

1. 이 책은 민국초民國初 석인본石印本 《백가성百家姓》을 기본으로 하여 《백가성百家姓》 마자의馬自毅・고굉의顧宏義(注譯. 三民書局 2005. 臺北) 현대 역주본을 근거로 완역한 것이다.
2. 그 외 《중국성씨대탐원中國姓氏大探源》 이호연李浩然(編著. 中國長安出版社 2006. 北京)과 《중국백가성심근유中國百家姓尋根游》 황리黃利・주굉周宏(主編. 陝西師範大學出版社 2007. 西安)은 연구와 역주에 큰 도움을 주었음을 밝힌다.
3. 한편 북경연산출판사北京燕山出版社 본은 원문만 제시되어 있으며 그 밖의 지금 중국 전체에 널리 퍼진 《백가성》은 어린이용, 혹은 국학용으로 그저 504개의 성씨 나열에 그쳐 앞에 밝힌 〈삼민본〉에 전적으로 의존할 수밖에 없었음을 밝힌다.
4. 전체 성씨 504개를 일련번호를 부여하고 그 음은 한국어와 중국어 한어 병음방안자모로 실어 대조와 연구, 그리고 검색에 용이하도록 하였다.
5. 성씨별로 원류를 〈삼민본〉에 의해 번역하고 역시 그 책에 제시된 역사상 주요 인물을 나열하였다.
6. 부록에는 〈삼민본〉에 실린 현존 《백가성》에 수록되지 않은 138개 성씨를 그대로 번역하여 제시하였다. 그리고 민국초民國初 석인본石印本 《백가성》 전체를 영인하여 실어 연구와 검색에 도움이 되도록 하였다.
7. 해제의 「한국의 성씨」 부분은 《한국의 성씨 이야기. 흥하는 성씨 사라진 성씨》(김정현 지음. 2001. 조선일보사)를 기본으로 참고하여 정리 요약하였음을 밝힌다.
8. 이 책을 역주함에 참고한 주요 문헌은 아래와 같다.

● 참고문헌

1. 《百家姓》馬自毅·顧宏義(注譯) 三民書局, 2005. 臺北
2. 《百家姓》張兆裕(編著) 北京燕山出版社, 1995. 北京
3. 《百家姓》劉學隆 國學出版社, 1974. 基隆 臺灣
4. 《百家姓》(〈國學經典〉) 錢玄溟(編撰) 中國長安出版社, 2006. 北京
5. 《百家姓》劉德來(編) 時代文藝出版社, 2002. 長春 吉林
6. 《百家姓》杜海泓(編) 華文出版社, 2009. 北京
7. 《百家姓》李盛强(編) 重慶出版社, 2008. 重慶
8. 《中國姓氏大探源》李浩然(編著) 中國長安出版社, 2006. 北京
9. 《中國百家姓尋根游》黃利·周宏(主編) 陝西師範大學出版社, 2007. 西安
10. 《百家姓》(〈中國名著〉) 姚麗萍·顏朝輝(編著) 中國戲劇出版社, 2005. 北京
11. 《華夏姓名面面觀》王泉根(著) 廣西人民出版社, 1988. 南寧
12. 《怎樣起名·姓名趣談》蔡萌(編著) 華夏出版社, 1988. 北京
13. 《한국의 성씨와 족보》이수건 서울대학교 출판부, 2003. 서울
14. 《한국의 성씨 이야기(흥하는 성씨 사라진 성씨)》김정현 조선일보사, 2001. 서울
15. 《韓國姓氏大觀》최덕교 창조사, 1971. 서울
16. 《中國大百科全書》(民族) 中國大百科全書出版社, 1986. 北京

해제

1. 《백가성》의 찬술

《백가성》은 《삼자경》·《천자문》과 함께 소위 '삼백천三百千'이라 불리는 중국 고대 대표적인 아동용 동몽서童蒙書의 하나이다. 중국 송宋나라 건국 (960)부터 오월국吳越國이 송나라에 귀순한 978년 사이에 이루어진 것으로 보고 있다.

이 책의 작자(편자)는 알 수 없다. 다만 남송南宋 왕명청王明淸은 《옥조신지玉照新志》라는 책에 처음으로 이 책을 거론하여 "兩浙錢氏有國時, 小民所著"라 하여 전씨錢鏐가 절강浙江에 오대십국五代十國의 하나였던 오월국을 가지고 있을 때 어떤 백성이 지었을 것으로 보았다.

그 뒤 명대明代 이후李詡는 왕명청의 의견을 통괄하여 그저 "必宋人所編也"라 하였고, 청淸 강희康熙 연간의 왕상王相, 晉升은 다시 "宋初, 錢塘老儒所作"이라 하였다. 결국 누가 편찬했는지는 알 수 없었던 것이다.

그런데 이 책은 4자 8구에 압운을 한 운문韻文 형식을 취하고 있으며, 그 첫머리가 바로 "조전손리趙錢李孫"으로 되어 있다. 이에 따라 '조趙'는 북송의 개국 군주 조광윤趙匡胤의 국성國姓을 내세운 것이며, '전錢'은 오월국 국왕 전류錢鏐의 성씨, 그리고 '손孫'은 전류의 손자 전숙錢俶의 정비正妃이며, '이李'는 남당(南唐, 937~975) 군주 이변李昪을 가리킨다고 본 것이다.

이 오월국은 지금의 절강, 강소 지역에 전류가 세웠던 나라로 907년부터 978까지 이어져 왔었다. 그 나라는 후량後梁 태조太祖로부터 13주州를 다스리도록 왕으로 허락을 받았다가 송나라 조광윤이 송나라를 세웠을 때 그대로 존속하였으나 결국 978년 전류의 손자 전숙錢俶이 나라를 송나라에 바치게 된다. 그로 인해 전숙은 송 태조 조광윤으로부터 등왕鄧王으로 책봉되면서 태사상서령겸중서령太師尙書令兼中書令의 직함을 얻게 된다. 이에 그는 자신의 고국 오월국 노유老儒들이 복종하지 않을 것을 걱정하여 조성趙姓을 앞세우고 다시 자신의 성과 자신의 정비의 성씨, 그리고 남당(이변)의 남방 대성을 앞으로 내세워《백가성》을 짓도록 하였을 것이라 하였다.

앞서 밝혔듯이 이 책은 그저 성씨를 나열하되 격구隔句 끝자를 압운한 정도이며 그 순서는 기준은 없고 게다가 넉자 혹은 여덟 자가 뜻이 있는 문장을 이룬 것도 아니다. 그럼에도 운에 맞추어 읽고 외우기에는 어린이들에게는 더 없이 좋은 자료가 될 것이다.

당시 이 책의 초기본은 472자 단성單姓 408, 복성複姓 30(60자) 그리고 맨 끝에 "백가성종百家姓終" 4글자로 이루어져 있다. 그러나 지금 통행본은 모두 568자 단성 408, 복성 60(120자)으로 504개의 성씨를 싣고 있다.

한편 송대 이미 이 책의 아류로《천가편千家編》이 있었으며 명대《황명백가성皇明百家姓》은 당시 명나라 왕성 주씨朱氏를 앞으로 내세워 "주봉천운朱奉天運, 부유만방富有萬方. 성신문무聖神文武, 도합도당道合陶唐"으로 이어지고 있으며, 청대 강희康熙 연간 출간된《어제백가성御制百家姓》은 공자의 공씨孔氏를 시작으로 하여 "공사궐당孔師闕黨, 맹석제량孟席齊梁, 고산첨앙高山詹仰, 추로영창鄒魯榮昌, 염계종정冉季宗政, 유하문장游夏文章"으로 이어지고 있다. 그러나 지금 통행본은 초기본《백가성》그대로 순서를 지키며 다만 복성이 증가되어 있다.

2. 《백가성》의 변천

이 《백가성》은 《삼자경》이나 《천자문》과 함께 아동 몽학서로 그 이름을 널리 떨치고 있지만 실제 《삼자경》이 송대 대유大儒 왕응린王應麟이라는 이름이 관련된 점이나 《천자문》이 양梁 무제武帝와 왕희지王羲之, 지영智永 등 엄청난 권위와 영향력이 있는 대가들과 연관된 점에 비하면 편자의 이름도 없고 문장도 이루지 못한 통속본일 뿐이었다. 이처럼 시작은 아주 미미하고 보잘것없으며 지금 통행본도 겨우 12쪽 정도의 얇은 책이었지만 그럼에도 지금까지 널리 읽히고 퍼진 것은 그 나름대로 이유가 있다. 바로 천하 누구나 성씨를 가지고 있는 성씨라는 것을 자료로 삼아 아동들로 하여금 문자를 익힘과 함께 주위 함께 사는 이웃의 서로 다른 성씨를 익히고 이해함으로써 화합과 단결을 통해 유기적 공동체를 이룰 수 있도록 해 주어왔기 때문이다.

이토록 무려 천여 년이 넘도록 이어오면서 일부 학자들의 단편적 기록에 의해 그 일부를 알아볼 수 있는 것은 이 책이 그야말로 통속적이요 아동용이었기 때문이었다. 그 기록은 앞서 《옥조신지》에 처음 기록을 남긴 이래 그 뒤 남송 애국시인 육유陸游, 放翁은 〈추일교거秋日郊居〉라는 시 "授罷村書閉門睡" 구절의 자주自注에 "《雜字》·《百家姓》之類, 謂之村書"라 하여 당시 이 책이 민간에 널리 퍼져 있었음을 알게 해주고 있다. 그리고 명대 여곤呂坤은 《사학요략社學要略》에서 《백가성》을 두고 "일상생활에 필요한 책"以便日用이라 하여 긍정적인 평가를 내렸으며, 청대 왕상王相은 《백가성고략百家姓考略》이라는 글을 지어 "百家姓傳播至今, 童蒙誦習, 奉爲典冊"이라 하여 아동용으로 매우 중요한 책임을 강조하기도 하였다.

3. 《백가성》의 판본

지금 전하는《백가성》은 대체로 3종류로 나누어 볼 수 있다.

우선 가장 널리 퍼져 있는 통속본 568자본으로 단성 444, 복성 60(120자), 그리고 끝에 "백가성종百家姓終"(지금 전하는 판본은 오히려 '百家姓續'으로 되어 있음) 4글자로 마무리 된 판본이다.

다음으로 472자의 단성 408, 복성 30(60자)이며 역시 끝에 "백가성종百家姓終"으로 끝을 맺은 판본이다.

마지막으로 같은 472자이며 단성도 408자이되 복성이 32(64자)인 것으로 이는 끝의 "백가성종百家姓終" 대신 "선우려구鮮于閭邱"의 선우鮮于씨와 여구閭邱씨를 넣어 마무리한 판본이다. 뒤의 두 판본은 청대 초기 이전까지 널리 유행하던 판본이며 앞의 첫째 것은 청말淸末에 나와 지금 널리 퍼진 판본이다. 뒤 두 판본은 명대 이후李詡는 《계암노인만필戒庵老人漫筆》에 "百家姓一書, 四言成句, 單姓四百零八, 複姓三十. ……余兒時習之, 今書肆所鬻猶然, 此世傳本也"라 하여 당시까지 472자본이었음을 알 수 있다. 그리고 그는 당시 맨 끝 부분 "백가성종百家姓終" 대신 "선우려구鮮于閭邱"로 바뀐 판본이 있음도 지적하여 두 종류가 있었음을 밝히고 있다.

그러다가 청대 초기 낭야인琅琊人 왕상이《백가성고략》을 쓸 때는 도리어 같은 472자본 중에 "백가성종百家姓終"으로 된 것을 근거로 한 것으로 보아 "선우려구"는 선우씨나 여구씨 성씨를 가진 어떤 사람이 이를 고쳐 유행시킨 것이 아닌가 한다. 지금 통속본(568자)에는 이 "선우려구鮮于閭邱" 두 복성이 아예 본문에 실려 있고 끝은 초기본대로 "백가성종"으로 다시 환원되어 있다. 지금 통행하고 있는 통속본은 따라서 청대 후기 이루어진 것이며 바로《증광백가성增廣百家姓》의 그림이 있는 판본이 나오면서 단일본으로 널리 유행된 것으로 보인다.

그러나 이 백가성은 초기본 이후로 역시 개정과 변화를 겪은 것으로 보인다. 즉 원대 지정至正 3년(1343) 오吳 지역(지금의 江蘇 蘇州)에 《강변안江邊岸》이라는 책에 수록된 《백가성》은 송대 판본의 개작으로 여기에는 복성이 43개 실려있다. 그리고 앞서 설명한 대로 명대 주자를 처음으로 한 《황명백가성》과 청대 성조(聖祖, 愛新覺羅 玄燁)가 제정한 《어제백가성》은 공자를 앞세웠으며 이어서 청 함풍咸豊 연간 정안丁晏이 편찬한 《백가성삼편百家姓三編》은 원래 문장을 이루지 못한 채 낱개 성씨의 나열에 불과하던 내용을 뜻이 되도록 재구성한 책을 만들어 내기도 하였다. 즉 "咸豊萬壽, 安廣吉康, 國家全盛, 胡越向方"하는 식이다. 그 외 청대 이 《백가성》에 대한 연구와 주석서로는 황성주黃星周의 《백가성신전百家姓新箋》, 왕상의 《백가성고략》과 왕용王鏞의 《백가성수사百家姓廋辭》 등이 있다.

4. 중국 성씨와 '군망郡望'

《백가성》 원본을 보면 성씨의 글자 옆에 작은 글씨로 군 이름이 적혀 있다. 이를테면 "조趙(天水郡), 전錢(彭城郡), 손孫(樂安郡), 이李(隴西郡)"하는 식이다.

이를 군망郡望이라 하며 이는 우리나라 본本, 본관本貫, 관향貫鄕, 적관籍貫의 개념과는 의미가 약간 다르다. 우리는 처음 첫 시조가 취성取姓, 혹 득성得姓을 한 지명, 혹은 사성賜姓으로 받은 지명 등이 그 본관이다. 주로 군郡 이름이나 주州 정도의 지역이지만 일부 고대 큰 지명이었으나 지금은 아주 작은 지역으로 바뀐 경우도 있다.

그러나 중국에서는 어느 지역郡에서 망족望族, 큰 문벌門閥로 발전하여 집성군集姓郡을 이루었는가 하는 의미가 더 크다. 그 뒤 비록 그 군에서 떠났다 해도 그 군망은 하나의 성씨 구분 표지로 따라다니는 것은 우리의 본관이 늘 성씨를 따라다니며 같은 글자를 쓰는 성씨일지라도 구분 표지가 되는 것과 같다. 즉 우리의 '김해김씨金海金氏'니 '경주김씨慶州金氏' 하여 같은 성씨이면서도 그 본本 다르다고 우리는 누구나 알고 있다.

중국의 군망은 위진 때부터 당대에 이르기까지 군마다 그 곳의 현달한 대족가문을 대표적으로 일컬어 앙망하던 하나의 풍습인 셈이었다. 원래 군은 춘추시대부터 있어온 각 지역 행정구획이며 처음에는 수도(도읍)로부터 먼 지방에 설치하였으나 뒤에 점차 국토 전체를 알맞게 구분하여 행정의 편의를 도모하였던 것이다. 그러다가 진시황이 전국시대를 마감하고 중앙집권제도를 확립하기 위하여 주대의 봉건제封建制를 폐지하고 소위 군현제郡縣制를 실시하면서 구체화되었다.

진시황은 천하를 36개 군으로 나누었는데 구체적으로 삼천三川, 하동河東, 남양南陽, 남군南郡, 구강九江, 장군鄣郡, 회계會稽, 영천穎川, 탕군碭郡, 사수泗水, 설군薛郡, 동군東郡, 낭야琅琊, 제군齊郡, 상곡上谷, 어양漁陽, 우북평右北平,

요서遼西, 요동遼東, 대군代郡, 거록鉅鹿, 한단邯鄲, 상당上黨, 태원太原, 운중雲中, 구원九原, 안문雁門, 상군上郡, 농서隴西, 북지北地, 한중漢中, 파군巴郡, 촉군蜀郡, 검중黔中, 장사長沙, 내사內史였다. 그 뒤 다시 군을 더 설치하여 민중閩中, 남해南海, 계림桂林, 상군象郡, 광양廣陽, 하간河間, 초군楚郡, 陳郡, 동해東海 등 40여 개 군으로 증가하였다.

한漢나라가 들어서면서 봉건제와 군현제를 절충하여 소위 군국제郡國制를 실시하였다. 이에 서한西漢 말에는 무려 103개 군이 설치되었으며 동한東漢 때는 105개, 그 뒤를 이은 왕조들도 이를 형식적으로 답습하여 삼국시대에는 167개 군으로 증가하였다. 수隋나라는 '주군현州郡縣' 제도를 실시하여 초기에는 무려 241주州, 680군으로 늘어났으며 천하의 군을 재조정하여 큰 혼란을 빚기도 하였다. 당을 거쳐 송나라에 이르면서 점차 이 제도가 쇠퇴하여 송나라 초기 이 군현제는 폐지되고 말았다. 따라서 여기서의 군망은 실제 한위漢魏 시대를 거쳐 수당隋唐 때까지의 시기에 이미 성씨에 대한 지역 군과의 연결고리였으며 이것이 지금 그대로 성씨 구분의 표지로 내려오고 있는 것이다. 한편 이들 군망에 해당하는 망족들은 일부 세력을 과시하고 과거 영화를 그대로 누리고자 혼인과 신분, 재산 등에 횡포를 부리기도 하여 당唐 태종太宗 때는 이에 대한 대대적인 정리작업을 벌이기도 하였다.(《貞觀政要》 참조)

5. 성姓과 씨氏

성姓과 씨氏는 어떤 의미인가 하는 점이다.

원래 "고대에는 남자는 씨를 칭하고 여자는 성을 칭하였다"(三代之前, 姓氏 分而爲二, 男子稱氏, 婦人稱姓.《通志》氏族略序)라 하였는데 이는 '氏'는 지역과 집단을 뜻하며, '姓'은 어머니를 통한 혈통을 뜻하였다는 말이다. 이를테면 황제黃帝 헌원씨軒轅氏는 성은 희씨姬氏였으며 그 나라는 유웅국有熊國이라 하였다. 여기서 헌원은 지역, 지연, 무리를 뜻하며 그에 소속된 인물로 혈통을 따져들면 모계가 희씨였고 그 전체를 아우르는 나라는 유웅국으로 아마 곰을 토템으로 하는 부족이었을 가능성이 있다. 상고시대 성이라는 것이 없었으나 황제黃帝가 율려律呂를 불어 그 음에 맞추어 성을 정하였다고 한다. 그러나 이는 전설에 불과하며 그 이전에 이미 염제炎帝 신농씨神農氏, 姜姓, 태호太昊 복희씨伏羲氏, 風姓 등이 있었다. 따라서 성은 모계사회에서 어머니의 혈통에 따른 표지標識였으며, 씨는 아버지 집단의 사회생활을 위한 표지였음을 알 수 있다. 이에 따라 지금도 모계혈통의 흔적을 그대로 가지고 있는 성인 '女'자와 결합된 글자의 성 희姬, 강姜, 요姚, 규嬀, 사姒, 영嬴, 임姙 등이 존속하고 있다. 또한 부계의 집단을 표시하는 부락, 부족, 족류, 초보적인 국가를 구분하기 위한 씨라는 명칭은 일찍부터 있어 왔다. 이를테면 반고씨盤古氏, 천황씨天皇氏, 인황씨人皇氏, 지황씨地皇氏는 물론 그 뒤 인류 문명과 도구, 발명, 발견 등과 연관된 명칭으로 유소씨(有巢氏, 집), 수인씨(燧人氏, 불), 복희씨(伏羲氏, 축목), 헌원씨(軒轅氏, 각종 기구 발명) 등이 있었고, 그 외 토템이나 활동, 지명 등과 연관된 것으로 공공씨共工氏, 백황씨柏黃氏, 혁서씨 赫胥氏, 곤오씨昆吾氏, 갈천씨葛天氏, 무회씨無懷氏, 여와씨女媧氏 등 소위 '씨'로 불리는 집단이 셀 수 없이 많다.(《潛夫論》참조)

그리하여 근친결혼의 폐단을 피하기 위해 동성불혼同姓不婚의 기준으로 "明血緣, 別婚姻"을 내세운 것이다. 이는 지금 모계사회의 주혼走婚 풍습이 남아 있는 중국 운남雲南 루구호瀘沽湖 나시족納西族 모쏘인摩梭人의 경우를 보면 쉽게 알 수 있다.
　이어서 역사가 흐르면서 중국 성씨는 대체로 첫째 모계 성씨에서 비롯된 다음 부계 사회로 바뀌면서 혈통과 가계의 표지를 위해 성을 갖기 시작하였는데 그 연원은 각기 지명이나 국명, 식읍 이름, 분봉 지역 이름 등에서 유래되기도 하였고, 토템이나 자연물에 대한 정령精靈 신앙에서 나온 것도 있다. 그런가 하면 족호나 관직 이름, 조상의 이름, 자, 호에서 비롯된 것, 외래 귀화 성씨, 변성, 개성, 간지, 수량, 항렬에 따른 것도 있으며 사성賜姓, 사씨賜氏, 모성冒姓, 개성改姓, 부성附姓, 절성竊姓 등 이루 헤아릴 수 없이 다양하다.

6. 중국의 '성씨학姓氏學'

중국에는 성씨의 발전과 변천을 연구하는 학문으로 '성씨학'이라는 것이 있다. 우리나라의 보학(譜學, 族譜學)과 같은 것이다. 이는 고고학, 역사학, 인류학, 언어문자학, 문화사, 민속학, 사회학 등 다양한 학문의 도움을 받아야 가능한 분야이다. 중국의 기록으로 최초 이 성씨학에 대한 언급은 춘추春秋시대 이미 시작되었다. 등명세鄧名世의 《고금성씨서변증古今姓氏書辨證》 서문에 "春秋時, 善論姓氏者, 魯有衆仲, 晉有胥臣, 鄭有行人子羽, 皆能探討本源 自炎黃而下, 如指諸掌"이라 하였다.

이어서 전국戰國시대 최초로 성씨에 대한 기록《세본世本》15편이 있었다고 한다. 고사손高孫似의 《사략史略》에 의하면 이 책은 "古史官記黃帝以來, 迄春秋帝王公卿諸侯大夫譜系"라 하였다. 원서는 이미 사라졌으나 청대 전대소錢大昭와 왕모王謨의 집일본輯佚本에 〈서록序錄〉의하면 "欲稍知先古世系源流, 捨世本, 更別無考據"라 하였다.

한편 당시 《좌전左傳》과 《국어國語》, 그리고 한대漢代 사마천司馬遷의 《사기》 등은 비록 성씨에 대한 전문서는 아니지만 이 방면 연구에 많은 자료를 제공하고 있다. 그 뒤 서한西漢 사유史游의 《급취편急就篇》에 〈성명편姓名篇〉이 있어 초보적인 성씨에 대한 아동용 몽학서로 빛을 발하기 시작하였고, 동한 때 왕부王符의 《잠부론潛夫論》과 응소應劭의 《풍속통風俗通》 역시 성씨학 연구에 도움을 주는 저작들이다.

그리고 구양수歐陽修는 〈숭문총목서석崇文叢目敍釋〉에서 "昔黃帝之子二十五人得姓命氏, 由其德之薄厚; 自堯舜夏商周之先, 皆同出於黃帝, 而姓氏不同. 其後世封爲諸侯者, 或以國爲姓, 至於公子公孫官邑諡族, 遂因而命氏,

其源流次序,《帝繫》·《世本》言之甚詳. 秦漢以來官邑諡族, 不自別而爲姓, 又無賜族之禮. 至於近世遷徙不常, 則其得姓之因, 與夫祖宗世次人倫之記, 尤不可以考"라 하였다.

그 뒤 각 성씨들은 "일가일성지사一家一姓之史"의 족보를 마련하여 자신들의 긍지를 높이고 자손에게 이를 일러주기 위한 자료와 근거로 삼기 시작하였다. 이리하여 가보家譜, 가승家乘의 형태로 나타나게 되었다. 그러자 이들을 연결하여 하나의 유기적 연관관계를 풀어보려는 시도가 시작되었는데 이를테면 진晉 가필賈弼은 《성씨부장姓氏簿狀》에서는 "三世傳學, 凡十八州士族譜, 合百帙七百餘卷, 該究精悉, 當世莫比"(《南齊書》家淵傳)라 자랑할 정도로 취지와 내용 및 분량을 밝히기도 하였다. 그리고 당唐 태종太宗은 《대당씨족지大唐氏族志》100권을 짓도록 하여 9등等, 293성姓, 1651가家를 수록하였고, 뒤를 이어 《성계록姓繫錄》200권을 완성하기도 하였다.

다시 당 헌종憲宗 원화元和: 806~820) 연간에는 이길보李吉甫 등에게 칙명을 내려 《원화성찬元和姓纂》10권을 짓도록 하여 본격적인 성씨학의 큰 흐름을 형성하게 된다. 그리고 북송 때 아동용 《백가성》이 출현하였으며 전문서로써 전명일錢明逸의 《희성녕찬熙姓寧纂》과 관찬의 《송백관공경가宋百官公卿家譜》가 나타나게 되었다. 이에 따라 남송 등명세鄧名世와 그 아들은 수십 년의 노력을 기울여 《고금성씨서변증古今姓氏書辨證》40권을 지었고, 비슷한 시기 정초鄭樵는 《통지通志》씨족략氏族略을 지어 당시 중국 성씨학의 쌍벽을 이루게 되었다. 그 외에도 송대에는 성씨학이 풍조를 이루어 소사邵思의 《성해姓解》3권과 왕응린王應麟의 《성씨급취편姓氏急就篇》2권도 이 때 출현하기도 하였다.

명대明代에 이르러서는 《고금만성통보古今萬姓統譜》 104권과 진사원陳士元의 《성휴姓觿》 10권 등이 나왔다. 그리고 이를 세분화하여 양신楊愼의 《희성록稀姓錄》 5권과 류문상劉文相의 《희성존참稀姓存參》 2권, 하수방夏樹芳의 《기성통奇姓通》 14권 등도 나오게 되었다.

다음으로 청대淸代에는 고증학의 발달로 이에 대한 연구가 활발하여 황본기黃本驥의 《성씨해분姓氏解紛》 10권, 장주張澍의 《성시심원姓氏尋源》 10권·《성씨변오姓氏辨誤》 1권·《성운姓韻》《요금원삼사성씨록遼金元三史姓氏錄》《고금성씨서목고증古今姓氏書目考證》 등 장씨의 '성씨오서'로 널리 알려지게 되었다. 그 외에 역본랑易本烺의 《성휴간오姓觿刊誤》 1권, 진정위陳廷煒의 《성씨고략姓氏考略》 1권이 있었으며, 여성의 성씨를 집중적으로 고증한 고유복高有復의 《명원시족보名媛氏族譜》 2권, 소지한蕭智漢의 《역대명현열녀성보歷代名賢列女姓譜》 150권이 저술되었다. 한편 《속통지續通志》를 발간할 때 〈씨족략〉을 대량으로 보충하였으며 《청조통지淸朝通志》 역시 요遼나라 부족 2, 요나라 씨족 69개, 금金나라 씨족 106 개, 원元나라 씨족 38성, 성씨가 구분되지 않은 83 씨, 사씨賜氏 51개, 개씨改氏 38개, 모씨冒氏 15개 등 아주 세분하여 싣고 있으며 그 속에는 〈고려성高麗姓〉 1권도 포함되어 있어 근대 최고 상세한 성씨학 자료로 그 위치를 차지하고 있다.(이상 '王泉根《華夏姓名面面觀》 廣西人民出版社 1988. 南寧' 참조)

7. 중국 성씨의 숫자

지금 중국의 성은 도대체 얼마나 되는 것일까? 그 통계나 숫자에 대한 기록과 추정은 천차만별이며 그 편차 또한 지극히 커서 종잡을 수가 없다.

역대 이래 성씨에 대한 기록을 살펴보면 우선 한대漢代 사유史游의 《급취편急就篇》에 130개, 당대唐代 임보林寶의 《원화성씨찬元和姓氏纂》에는 1,232개, 그리고 송대宋代 소사邵思의 《성해姓解》에는 2,568개, 정초鄭樵의 《통지通志》 씨족략氏族略에는 2,255개, 원대元代 마단림馬端臨의 《문헌통고文獻通考》에는 3,736개, 명대明代 진사원陳士元의 《성휴姓觿》에는 3,625개, 왕기王圻의 《속문헌통고續文獻通考》에는 4,657개, 근대 등헌경鄧獻鯨의 《중국성씨집中國姓氏集》에는 5,652개, 왕소존王素存의 《중화성부中華姓府》에는 7,720개, 1984년 人民郵電出版社에서 펴낸 《중국성씨회편中國姓氏滙編》(閻福卿 編)에는 단성과 복성 5,730개의 성씨를 싣고 있으며, 현대 원의달(袁義達, 杜若寶)의 《중화성씨대전中華姓氏大全》(북경교육과학출판사)에는 11,969개를 싣고 있는데 여기에는 단성이 5327개, 복성이 4329개, 3자성이 1615개, 4자성이 569개, 5자성이 96개, 6자성이 22개, 7자성이 7개, 8자성이 3개, 9자성이 1개이며, 이역자異譯字 이체자異體字 3,136개나 된다.

그런가 하면 현재 쓰이고 있는 성씨를 대략 14,600여 개인 것으로 보기도 한다 이 또한 정확하지는 않다. 그리고 그 중 지금 90% 이상이 이 《백가성》에 실려 있는 성씨를 가진 인구라고도 한다.(《中國名著百家姓》中國戲劇出版社, 2005 북경)

그러나 다른 통계에 의하면 중국 성씨는 문헌상 5,662개이며 그 중 단성 3484개, 복성 2032개, 3자성 146개이며 소수민족의 성씨까지 합하면 6,362개라고도 한다. (李浩然編著《중화성씨대탐원中華姓氏大探源》長安出版社 2006. 북경) 그러나 이 또한 믿을 수 없다.

한편 1954년 대만臺灣에서 실시된 인구조사에서 대만에는 모두 768개의 성씨가 있으며 복성이 4개였다고 하였다. 중국 대륙에서는 1978년 중국 7대 도시 호적조사를 한 적이 있다. 그 결과 북경 2250개, 상해 1640개, 심양 1270개, 무한武漢 1574개, 중경重慶 1245개, 성도成都 1631개, 광주廣州 1802개였으며 이들의 통계를 내었더니 2,587개의 성씨로 정리되었다는 것이다.
_(이상 李浩然《중화성씨대탐원中華姓氏大探源》및 馬自毅《신역백가성新譯百家姓》'導讀'부분 참조)
　그러나 어떤 사람의 조사에 의하면 중국 5천년 역사 속에 있었던 성씨는 무려 2만 2천여 개나 된다고도 한다. 그러나 1982년 대만 국가 제3차 인구조사에 의하면 지금 쓰이고 있는 성씨는 대략 3천 5백개 좌우라 하며 그중 비교적 상용하고 있는 성씨는 5백여 개 정도이며 다시 그중 주요 1백개 성씨가 인구 전체의 87%를, 120개 성씨가 인구 전체의 96%를 차지하여 대성大姓에 집중되어 있음을 알 수 있다.

8. 한국의 성씨

우리 한국의 성씨는 중국의 영향을 받은 것임에는 분명하다. 그러나 오랜 세월 동안 우리는 우리 나름대로 독특한 씨족의 계보를 유지 발전시켜 오늘에 이르러 실제 중국과 동일시할 수 없는 특징을 가지고 있다.

우선 글자도 우리 고유의 글자를 쓰는 裵(중국은 裴), 曺(중국은 曹) 등 표기가 다른 경우가 있고, 우리 고유의 생성 성씨도 있으며, 감동을 주는 득성 유래에 얽힌 신화와 전설 등 고사도 매우 보편적으로 가지고 있다.

그런가 하면 성명인지 단순 이름인지 구분할 수 없는 시기의 비문과 역사서에 나타난 인명은 지금까지 연구 대상이 되고 있다.

성씨에 대한 뜻도 사전적 의미로 "성을 높여 부르는 말"일 뿐이다. 다시 말해 우리는 씨에서 출발한 것이 아니다.

일반적으로 우리나라에서 성을 쓰기 시작한 것은 4세기, 즉 삼국시대 전반기로 보고 있다. 그러나 고려시대 이후 일반인들에게도 성이 있게 되었으며 조선시대까지도 성이 없이 이름만 있는 경우가 많았다. 양주 봉선사의 성종 때 주조된 범종에 시주자 이름이 표시되어 있는데 거기에는 한글 토속적 이름들로 가득하여 성이 없는 자가 대부분이다. 그런가 하면 갑오경장 이후에 비로소 모든 이들이 성씨를 갖게 되어 일부는 그 성씨의 근원이 제대로 맞지 않는 경우가 허다하며, 연원을 알 수 없는 귀성, 희성, 벽성도 상당수 있다.

그 외에 더 중요한 것은 중국, 거란, 만주, 여진, 일본, 베트남, 심지어 아랍, 위구르, 네덜란드 등에서 귀화한 성씨도 있으며 그들 중 아주 연원이 오래된 성씨는 이미 전혀 구분 없이 한국 성씨로 자리를 잡아 하나의 민족으로 한국 땅에서 한민족으로 살고 있다.

그 외에도 지금도 외국인 중에는 한국에 살면서 한국 성씨를 취득하여 한국인으로서의 문화 정체성을 몸으로 체득하며 함께 동화하고자 하고 있다.

우리나라의 성씨는 조선시대 들어서면서 《세종실록世宗實錄》,《동국여지승람東國輿地勝覽》,《증보문헌비고增補文獻備考》,《도곡총설陶谷叢說》,《전고대방典故大方》,《조선씨족통보朝鮮氏族統譜》 등을 통하여 꾸준히 기록되어 왔다. 특히 영조 때 이의현李宜顯의 《도곡총설》에는 298개의 성씨가 기록되어 있고, 고종 때 증보문헌비고에는 496개의 성씨가 보인다.

그러다가 1930년대 조선총독부 조사에는 250개로 줄어들었다가 1934년 중추원에서 펴낸 통계자료에 의하면 326개로 늘어나기도 하는 등 정확한 수치는 알 수가 없다. 다시 1960년도와 1975년도 국세조사에서는 250여 개의 성씨가 조사되었으나 그 중 160여 개는 전인구의 1%에도 미치지 못하는 희성, 귀성, 벽성이다. 그리고 실제 90여 개 성씨가 전 인구의 99%을 차지하고 있었으며 지금 널리 쓰이는 성씨는 70여 개 정도로 보고 있다. 1985년 국세조사에서는 275개의 성씨에 본관이 무려 3,349개였으며 그 중 100명 미만의 성씨가 52개나 되었다. 김정현씨의 《한국 성씨 이야기. 흥하는 성씨 사라진 성씨》(2001, 조선일보사)에 의하면 우리 성씨를 고대 문헌을 근거로 우선 넷으로 나누고 있다.

〈1〉 대성(大姓: 55개)

金, 李, 朴, 崔, 鄭, 姜, 趙, 尹, 張, 韓, 林, 申, 吳, 徐, 權, 黃, 宋, 柳, 洪, 安, 高, 全, 孫, 裵, 梁, 文, 許, 曺, 白, 南, 河, 劉, 成, 沈, 盧, 丁, 車, 具, 郭, 辛, 任, 朱, 禹, 田, 羅, 閔, 兪, 池, 嚴, 陳, 元, 蔡, 千, 方, 康.

〈2〉 귀성(貴姓: 46개)

卞, 玄, 楊, 廉, 邊, 呂, 都, 秋, 魯, 愼, 石, 蘇, 周, 吉, 薛, 馬, 表, 明, 宣, 延, 魏, 王, 房, 潘, 玉, 奇, 琴, 陸, 孟, 印, 卓, 諸, 魚, 鞠, 牟, 蔣, 殷, 秦, 芮, 慶, 片, 丘, 史, 奉, 余, 龍.

〈3〉 희성(稀姓: 44개)

庾, 太, 夫, 昔, 卜, 睦, 賈, 桂, 皮, 晉, 杜, 甘, 智, 董, 陰, 程, 溫, 邢, 章, 賓, 扈, 景, 葛, 錢, 左, 箕, 彭, 范, 承, 尙, 眞, 簡, 夏, 偰, 施, 胡, 毛, 唐, 韋, 疆, 異, 段, 公, 弓.

〈4〉 벽성(僻姓: 38개)

袁, 甄, 陶, 萬, 平, 荀, 剛, 介, 邱, 肖, 昌, 邵, 葉, 鍾, 昇, 强, 龐, 大, 雷, 浪, 邕, 西, 馮, 國, 濂, 堅, 莊, 伊, 乃, 墨, 路, 麻, 邦, 菊, 采, 楚, 班, 斤.

그리고 1985년 인구조사에서는 옛 문헌에 볼 수 없었던 "譚, 頭, 樓, 苗, 旁, 碩, 星, 辻, 恩, 初, 椿, 判, 扁, 鎬, 候, 興, 傅"씨 등이 나타났다고 한다.

그 중 대성으로써 5대 성씨는 흔히 "金, 李, 朴, 崔, 鄭"으로 들고 있으며 여기에 "姜, 趙, 尹, 張, 林"씨를 넣어 10대성(단 林씨 대신 혹 韓씨를 넣기도 함)으로 보았으며 다시 여기에 "吳, 申, 徐, 權, 黃, 宋, 安, 兪, 洪"씨를 넣어 20대성으로 보기도 하였다.

그리고 한국의 널리 쓰이는 70개 성 중에 앞의 20개를 제외하고 나머지로는 "全, 高, 孫, 文, 梁, 裵, 白, 曺, 許, 南, 劉, 沈, 盧, 河, 丁, 成, 車, 具, 郭, 禹, 朱, 任, 田, 羅, 辛, 閔, 柳, 池, 陳, 嚴, 元, 蔡, 千, 方, 康, 玄, 卞, 孔, 咸, 楊, 廉, 邊, 呂, 薛, 愼, 都, 秋, 馬, 表"씨 등을 들고 있다.

우리나라 성씨의 본관은 당연히 성씨 구분의 또 다른 하나의 중요한 지표이다. 이는 동일한 성씨의 재분화를 의미한다. 그리고 본관의 다음 단위로 소위 파派까지 내려가게 된다. 파는 군君, 공公, 백伯 등 고향보다는 봉호封號나 시호諡號, 추서追敍된 작위 등으로써, 사관賜貫으로 시작된 경우가 많다. 때에 따라서는 이 봉호가 본관이 되는 경우도 당연히 있다. 따라서 동성이냐 동성동본이냐에 따라 금혼법의 근거가 된 적도 있었으며 이에 따라 혈통, 친족, 종친 등 개념이 달라지기도 한다.

이처럼 우리나라의 본은 중국과 또 다른 특징을 가지고 있으며, 시조 다음으로 중시조를 통해 하부 계통의 혈계血系를 보여주며, 동시에 분화상황을 일러주는 변별 요소로 자리잡고 있다. 이에 따라 우리는 소위 족보라는 것을 만들되 전체를 아우르는 대동보大同譜를 우선으로 하고 그 아래 개념으로 파보派譜와 세보世譜가 있으며, 집안 내력만을 적은 것으로 가승家乘, 혹은 가첩家牒이라는 것이 있다. 우리나라 족보는 안동 권씨의 《성화보成化譜》(明 成化 12년, 1476)와 문화류씨文化柳氏의 《가정보嘉靖譜》(明 嘉靖 1567, 실제로 穆宗 隆慶 원년) 등이 비교적 빠른 것으로 보고 있으며, 중국에는 이미 남조 제齊, 479~502나라 때 가희경賈希鏡에 의해 시작된 것으로 알려져 있다.

그 외 지금 사설 〈족보전문도서관族譜專門圖書館〉(jokbo.rc.kr)이 경기도 부천에 생겨 많은 자료를 살펴볼 수 있는 것은 참으로 다행스럽고 고마운 일이 아닐 수 없다. 그리고 부산광역시립도서관 1층에 민간 단체인 '한국성씨연합회'에서는 소장하고 있는 122개 성씨, 447개 본관의 족보 목록 5,421개 등 8,500여권에 이르는 족보를 인터넷 홈페이지(www.koreajokbo.co.kr)로 검색할 수 있도록 개설하여 아주 큰 도움을 주고 있다.

우리나라 고대 문헌에는 본관이 무려 500개 이상이나 되는 성씨도 있으며 대성일수록 본이 많다. 이에 본관의 수에 따라 분류해 보면 다음과 같다.(이하 김정현 위에 든 책을 재정리한 것임.)

金(500여), 李(470여), 崔(326), 朴(314), 張(246), 林(216), 鄭(210), 全(178), 宋(172), 吳(164), 黃(163), 白(157), 申(155), 徐(153), 劉(149), 尹(149), 田(142), 盧(137), 柳(131), 文(131), 韓(131), 曹(128), 裵(122), 任(120), 陳(118), 孫(118), 方(117), 車(111), 安(109), 姜(104), 洪(101), 高(101), 千(97), 俞(97), 朱(93), 池(81), 梁(79), 石(73), 河(70), 丁(68), 邊(67), 魯(64), 沈(63), 嚴(60), 許(59), 南(57), 康(56), 權(56), 成(54), 郭(52), 辛(51), 秋(49), 蔡(49), 秦(47), 羅(46), 元(42), 片(39), 禹(38), 呂(37), 表(36), 馬(33), 延(33), 具(32), 扈(32), 皮(30), 孟(27), 卓(27), 吉(26), 閔(25), 周(25), 董(24), 薛(23), 明(23), 宣(23), 印(22), 龍(21), 趙(21), 奇(21), 房(20), 庾(20), 太(20), 陰(20), 玉(19), 魚(19), 葛(19), 奉(19), 蔣(17), 芮(16), 史(16), 都(15), 邢(15), 王(15), 愼(15), 潘(15), 慶(14), 陸(13), 晋(13), 程(13), 蘇(12), 牟(12), 桂(12), 余(12), 溫(11), 景(10), 段(10), 魏(10), 諸(10), 承(10), 卜(9), 睦(9), 賈(9), 簡(9), 皇甫(9), 殷(8), 智(8), 公(8), 尙(8), 胡(7), 彭(7), 甄(7), 南宮(6), 琴(6), 國(6), 唐(5), 獨孤(5), 杜(4), 鞠(4), 夫(4), 甘(4), 賓(4), 馮(4), 昔(3), 錢(3), 范(3), 毛(3), 異(3), 章(2), 夏(2), 昇(2), 司空(2), 西門(2), 東方(2), 伊(2), 丘(1), 左(1), 于(1), 眞(1), 偰(1), 施(1), 弓(1), 鮮于(1), 諸葛(1), 箕(1)

이상으로 보아 생각보다는 엄청나게 본관이 많음을 알 수 있다. 참고로 북한에서는 본관의 개념이 흐려졌고 일반인은 자신의 성씨 본관이 어디인지 모르는 경우가 많다고 한다.

9. 한국의 귀화성씨

다음으로 우리가 흔히 알고 있는 귀화성에 대한 것이다. 이에 대하여 김정현의 앞에 든 책(173~196)에는 모두 75개 귀화 성씨와 그 본관을 들어 설명하고 있다. 이를 간추려 보면 다음과 같다. ( ) 안은 본관을 뜻함.

1. 이李(靑海): 시조 이지란李之蘭, 여진족 퉁두란佟豆蘭. 여말선초 득성.
2. 장張(德水): 시조 장순룡張舜龍, 아랍인 고려 충렬왕 때 제국공주齊國公主를 따라 들어와 귀화, 덕성부원군德城府院君에 봉해짐.
3. 설偰(慶州): 시조 설손偰孫, 그 아들 설장수偰長壽가 세종 때 계림군鷄林君에 봉해짐. 계림은 경주.
4. 이李(花山): 시조 이룡상李龍祥, 이룡상李龍祥 혜종惠宗의 숙부, 옹진군甕津郡 마산면馬山面 화산리花山里에 정착.
5. 인印(延安): 시조 인후印侯, 몽고인, 고려 충렬왕 때 제국공주를 따라 들어옴. 그 아들 인승단印承旦이 연안부원군延安府院君에 봉해짐.
6. 인印(喬洞): 신라新羅초 중국 진晉나라 인서印瑞, 그 후손 인빈印彬이 교수부원군喬樹府院君이 됨. 공민왕 때 인당印瑭이 시조가 됨.
7. 김金(友鹿): 일본인 사야가沙也可, 임란 때 달성군 가창면嘉昌面에 정착.
8. 신愼(居昌): 송宋, 신수愼脩, 세종 때 귀화하였으며 그 후손이 연산군 때 거창부원군居昌府院君에 봉해짐.
9. 구具(綾城): 송宋, 전남 화순군 능주綾州에 정착.
10. 제갈諸葛(南陽): 제갈공명諸葛孔明의 아버지 제갈규諸葛珪가 시조이며 그 5대손 제갈충諸葛忠이 신라 때 망명, 중국 남양南陽을 본관으로 함.

11. 안安(順興): 당 이원李瑗의 아들. 신라 경문왕 때 귀화하여 세 아들이
    각기 죽산안씨竹山安氏, 광주안씨廣州安氏, 순흥안씨順興安氏
    가 됨.
12. 서문西門(安陰): 고려 공민왕의 비妃 노국공주魯國公主를 따라온 몽고인.
    안음은 함양 안의安義의 옛 지명.
13. 명明(西蜀): 고려 공민왕 때 서촉西蜀 대하국大夏國에서 귀화한 황족.
14. 남南(英陽): 당 남경南敬, 당 현종玄宗 때 일본 사신으로 갔다가 귀환 중
    신라에 표류 정착한 김충金忠이 경덕왕 때 남씨성을 하사받음.
15. 곽郭(玄風): 송대 곽경郭鏡, 고려 인종 때 포산군苞山君에 봉해짐. 포산은
    현풍현玄風縣의 고려시대 지명.
16. 국鞠(潭陽): 송나라에서 귀화한 국량鞠樑. 고려 인종 때 들어옴.
17. 길吉(海平): 고려 문종 때 당에서 들어온 팔학사八學士의 하나인 길당
    吉塘. 야은冶隱 길재吉再는 그 후손.
18. 나羅(羅州): 당唐 태종太宗의 수찬관修撰官이었던 나부羅富가 망명하여
    전라도 나주羅州에 정착. 후손 나주규羅得虯가 시조가 됨.
19. 노魯(咸平): 주나라 제후국 노나라 출신이 귀화. 그 후손 노목魯穆이 고려
    인종 때 이자겸의 난을 평정하여 함풍군咸豊君에 봉해짐.
    함풍은 함평咸平의 옛 지명.
20. 독고獨孤(南原): 당나라에서 귀화한 공순公舜의 후예. 그 후손 독고향
    獨孤香이 고려 충숙왕 때 남원군南原君에 봉해짐.
21. 맹孟(新昌): 맹자의 후손 맹승훈孟承訓이 신라 때 당에서 사신으로 들어
    옴. 충선왕 때 맹리孟理가 조적曹頔의 난을 평정한 공으로
    신창백新昌伯에 봉해짐.

22. 임任(長興): 송나라 소흥紹興 사람. 임호任灝가 망명하여 전남 장흥 천관산에 정착. 그 후손 임원후任元厚가 고려 인종 때 정안부원군定安府院君에 봉해짐. 정안은 장흥長興의 옛 지명.
23. 임任(豊川): 송나라 소흥 사람. 임온任溫이 고려에 들어와 은자광록대부銀紫光祿大夫에 오름.
24. 이李(延安): 당나라 이무李茂가 백제 정벌 때 소정방蘇定方의 부장으로 들어와 귀화, 연안백延安伯에 봉해짐.
25. 여呂(咸陽): 당 한림학사 여어매呂御梅가 황소黃巢의 난을 피해 신라 헌강왕 때 망명 귀화, 처음에는 성주星州에 살아 성주여씨와 함양여씨는 같은 근원임.
26. 유劉(居昌): 고려 문종 때 송나라에서 귀화한 유전劉荃. 그 맏아들 유견규劉堅規에게 거타군居陀君에 봉함. 거타는 거창의 옛 지명.
27. 주朱(新安): 남송 주희朱熹가 신안주씨新安朱氏이며 그 일족 주잠朱潛이 고려 고종 때 귀화하여 나주羅州에 정착, 중국 지명을 그대로 사용함.
28. 신辛(靈山): 중국인 신경辛鏡으로 중국 지명을 그대로 사용함.
29. 이李(固城): 중국인으로 일찍 귀화하였으나 고려 문종 때 거란을 침입을 격퇴한 공을 세워 철령군鐵嶺君에 봉해짐. 철령은 경남 고성의 옛 지명.
30. 장蔣(牙山): 송나라 대장군 장서蔣壻로 금金과의 전쟁에 주전파로써 주화파와 대립에 밀려 망명, 충남 아산에 정착. 고려 예종 때 아산군牙山君에 봉함.

31. 정丁(押海): 당나라 대승상 정덕성丁德盛이 신라 문성왕文聖王 때 귀화하여 전남 무안군 압해면에 정착.
32. 변邊(原州): 송에서 귀화하여 상장군上將軍에 오른 변안렬邊安烈.
33. 방方(溫陽): 당나라 한림학사 방지方智가 신라 문무왕 때 유학儒學을 전하기 위해 들어옴. 설총薛聰과 교류가 있었으며 대대로 온양에 살았음.
34. 양楊(淸州): 원元나라 때 양기楊起, 고려 공민왕의 비 노국공주魯國公主를 따라 와 귀화. 상당上黨(지금의 청주)을 식읍으로 받음.
35. 선宣(寶城): 명明나라 학사 선윤지宣允祉가 고려 우왕 때 사신으로 왔다가 귀화. 조선이 들어서자 이에 반대하여 전남 보성寶城에 은거함.
36. 소蘇(晉州): 고대 소蘇임금의 후손 기곤오己昆吾가 소성蘇城에 하백夏伯으로 봉해졌다가 고조선 유민과 함께 신라로 들어왔다 함.
37. 지池(忠州): 송宋나라 태학사 지경池鏡이 고려 광종 때 귀화함.
38. 황黃(平海): 한漢나라 때 황락黃洛이 신라 유리왕 때 귀화. 동해안 평해에 정착함.
39. 오吳(海州): 신라 지증왕 때 중국에서 건너온 중국인. 그 후손이 고려 고종 때 거란군을 물리친 오현보吳賢輔로써 그를 시조로 삼음.
40. 백白(水原): 중국 소주蘇州 사람 백우경白宇經이 신라에 귀화. 중랑장中郎將을 지낸 백창직白昌稷의 후손 백휘白揮가 고려 때 수원군水原君에 봉해짐.

41. 공孔(曲阜): 공자의 후손으로 원나라 순제 때 공민왕의 비 노국공주
魯國公主를 따라온 공소孔紹. 회원군檜原君(지금의 창원昌原)에
봉해졌으나 중국 공자의 지명을 그대로 사용함.
42. 노盧(光山): 당나라 때 안록산의 난을 피해 신라에 귀화한 노수盧穗.
당시 9명의 아들을 데리고 와서 각기 광산光山, 교하交河,
풍천豊川, 장연長淵, 안동安東, 안강安康, 연일延日, 평양平壤,
곡산谷山을 본관으로 삼음.
43. 전錢(聞慶): 고려 때 전유겸錢惟謙이 최영崔瑩장군 누이와 결혼하여 귀화
함. 조선이 들어서자 벼슬을 버리고 문경에 은거함.
44. 도都(星州): 중국에서 건너온 도진都陣이 고려 건국에 공을 세워 성산
부원군星山府院君에 봉해짐. 성산은 성주의 별칭.
45. 구丘(平海): 신라 때 당나라 사람으로 일본에 사신으로 갔다가 풍랑을
만나 경북 평해에 닿은 구대림丘大林. 공민왕 때 그 후손
구선혁丘宣赫을 시조로 함.
46. 궁弓(兎山): 고대 기자箕子가 조선으로 올 때 따라온 중국 태원太原 출신
궁흠弓欽이라 함.
47. 공公(金浦): 당나라 십팔학사의 하나인 공윤보公允輔. 안록산의 난을
피해 신라로 망명하여 그 후손 공명례가 김포에 정착하
였다 함.
48. 김金(太原): 명나라 때 건너온 김학증金學曾. 그 아들 김평金坪이 명이
망하자 조선에 귀화하면서 조상의 고향 중국 태원을 그대로
본관으로 삼음.

49. 강康(信川): 고대 주나라 강후의 후손으로 고려 태조 왕건을 도왔던 강호경康虎景.
50. 계桂(遂安): 명나라 계석손桂碩遜으로 고려 말에 귀화하여 수안백遂安伯에 봉해짐. 수안은 황해도에 있던 지명.
51. 황黃(昌原): 고려 충혜왕忠惠王의 비 덕녕공주德寧公主를 모시고 왔다가 두에 회산군檜山君에 봉해짐. 회산은 창원의 옛 지명.
52. 조趙(林川): 고려 현종顯宗 때 강감찬과 함께 거란을 물리친 조천혁趙天赫. 원래 송 태조太祖(조광윤趙匡胤)의 후손으로 숙부 조유고趙惟固와 함께 왔으며 그가 가림백嘉林伯에 봉해졌음. 가림은 충남 부여에 있던 옛 지명.
53. 조趙(平壤): 고대 은나라 때 왔다하며 조춘趙椿의 5세손 조인규趙仁規가 충숙왕의 장인이 되어 평양부원군平壤府院君에 봉해짐.
54. 조趙(咸安): 신라 말 당나라에서 귀화한 조정趙鼎. 왕건을 도와 대장군이 되었으며 뒤에 경남 함안에 정착함.
55. 민閔(驪興): 공자 제자인 민자건閔子騫(閔損)의 후예라 하며 그 후손 민칭도閔稱道가 고려 중엽 사신으로 왔다가 귀화함.
56. 이李(太原): 송나라 이귀지李貴芝가 난을 피해 고려 충렬왕 때 귀화. 그 손자 이방무李芳茂가 조선 태조 이성계를 도와 개국공신이 되었으며 중국 지명을 그대로 본관으로 사용함.
57. 이李(泰安): 당나라 이기李奇가 난을 피해 고려 광종 때 망명하여 충청도 태안에 정착. 그 7대손 이장李藏이 태안을 식읍으로 받아 태안부원군泰安府院君이 됨.

58. 이李(旌善): 안남安南(越南) 남평왕南平王 이건덕李乾德의 셋째 아들로 금(여진)이 그곳까지 침입하자 고려로 피신하여 경주慶州에 살았으며 그 6세손 이의민李義旼이 무신정권의 최충헌崔忠獻에 의해 살해되자 정선으로 숨어살아 그곳을 본관으로 정함.
59. 이李(原州): 중국 절강浙江에서 온 중국인의 후손 이춘계李椿桂가 고려 의종 때 병부상서에 올랐음.
60. 원元(原州): 당 태종이 고구려 원정 때 파견되어 고구려 보장왕 그곳에 남았던 원경元鏡. 고구려와 당와 관계를 개선하고자 하였으나 실패하자 다시 신라 선덕여왕에게 왔다고 함.
61. 이李(安城): 고려 문종 때 송나라에서 관리로 왔던 이중선李仲宣. 고려에 귀화하여 백하군白夏君에 봉해짐. 백하는 안성의 옛 지명.
62. 위魏(長興): 당나라 위경魏鏡. 신라 선덕여왕에게 귀화하여 회주군懷州君에 봉해짐. 회주는 장흥의 옛 이름.
63. 우禹(丹陽): 고대 하夏나라 우왕禹王을 시조로 하며 그 후손 우현禹玄이 고려로 귀화하여 현종顯宗 때 과거에 급제, 단양부원군丹陽府院君에 봉해짐.
64. 염廉(坡州): 신라 말 당에서 귀화한 염교명廉郊明. 고려 개국공신으로 처음 봉성峰城(파주)에 정착하여 봉성염씨로 불렀다가 위에 파주의 명칭이 곡성曲城으로 바뀌자 곡성염씨라 하였다가 다시 서원瑞原으로 바꾸자 서원염씨라고도 하였음.
65. 연延(谷山): 중국 연계령延繼笭이 고려에 귀화하여 황해도 곡산谷山에 정착함. 그 7세손 연수창延壽菖을 시조로 삼기도 하며 혹 고려말 원나라 공부를 따라 왔다고도 함.

66. 엄嚴(寧越): 신라 말 당나라 엄임의嚴林義가 귀화하여 고려가 개국하자 아들 엄태인嚴太仁이 영월군에 봉해짐.
67. 어魚(咸從): 중국 풍익馮翊 사람 어화인魚化仁이 남송 때 난을 피해 고려로 귀화함. 함종咸從은 평안남도 강서江西의 옛 이름.
68. 석石(海州): 명나라 관리로 임진란 때 파견되어 공을 세웠던 석성石星. 귀국하여 정치적으로 화를 입자 그 아들 석담石潭이 조선에 귀화하여 해주에 정착함.
69. 홍洪(南陽): 당에서 귀화한 홍천하洪天河. 팔학사八學士의 하나로 선덕여왕 때 들어와 유학을 발전시킨 공로로 당성백唐城伯(唐津, 南陽)에 봉해졌음. 한편 같은 남양홍씨로 토착 성씨도 같은 본을 쓰고 있다 함.
70. 진陳(驪陽): 송나라 복주福州 사람 진수陳琇가 신라 때 귀화. 그 후손 진총후陳寵厚가 고려 인종 때 이자겸을 난을 평정하여 진총후陳寵厚에 봉해짐. 여양驪陽은 지금의 충남 홍성군 장곡면.
71. 천千(潁陽): 영양潁陽은 중국 지명으로 천만리가 임진란 때 군량미 수송책임자였으며 전쟁이 끝나자 그대로 남아 귀화함.
72. 오吳(同福): 신라 지증왕 때 들어온 오첨吳瞻. 경남 함양에 정착하였다가 그 후손 오현보吳賢輔가 동복군同福君에 봉해짐. 동복은 전남 화순. 그 지파가 낙안오씨樂安吳氏와 나주오씨羅州吳氏가 되었다 함.
73. 장張(安東): 중국 소흥에서 온 장정필이 신라 말에 귀화하였다가 왕건의 고려 건국에 큰 공을 세웠다 함.

74. 임林(平澤): 신라 말 당나라에서 귀화한 한림학사翰林學士 임팔급林八及.
팽성彭城(평택) 용주방龍珠坊에 정착하여 본관을 삼았으며
그 지파로 은진恩津, 진천鎭川, 예천醴泉, 부안扶安 등이 있음.
75. 변卞(草溪): 당나라 팔학사의 하나인 변원卞源이 신라 경덕왕 때 사신
으로 왔다가 귀화, 그 후손인 고려 성종 때 변정실卞庭實을
시조로 함.

한편 우리나라 성씨가 외국으로 가서 정착한 경우도 있다. 기록이 희미
하여 제대로 알 수는 없지만 그 중에 중국《백가성》에 들어있는 성씨 중
백제계로써 연燕(315), 해解(174), 국國(354), 사沙(387), 복福(504) 등이 있으며 그 중
복씨福氏는 군망郡望을 아예 '백제국'으로 삼고 있다. 그런가 하면 고구려계
로써 왕王(008), 고高(153)씨가 있고, 신라계로써는 박朴씨와 김金씨가 있다.
한편 일본으로 건너가 일본 성씨가 된 것은 백제 8대 성씨(沙, 燕, 劦, 解, 貞, 國,
木, 首)가 초기 일본 성씨로 자리를 잡았다가 일본 특유의 복성으로 변하기도
하였고, 그 외 백제百濟, 석야石野, 궁원宮原, 사전沙田, 국본國本, 신목新木, 장전
長田, 청원淸原 등은 당연히 한반도에서 건너간 성씨로 보고 있다. 그리고
고구려에서 건너간 성씨로는 고려高麗, 고정高井, 조정鳥井, 신성新城 등이 있으며
신라계로는 장강長岡, 산촌山村, 죽원竹原, 산전山田 등 무수히 많다고 한다.
특히 일본은 무려 27만 개의 성씨가 있다고 하며 이는 중국이나 한국
성씨에 비해 인구수나 역사적으로 볼 때 상상을 초월하는 수치이다. 당연히
한자문화권에서 한자의 양이나 운용면에서 한국과 중국은 단성 위주임에
비하여 일본은 복성 위주이기 때문일 것이다. 그리고 그에 못지 않게 일본의
경우 취성 방법과 형태가 다원적이기 때문에 그토록 많은 성씨가 있을 수

있는 것이 아닌가 한다. 다시 말해 중국이나 우리의 경우 부계 혈통 중심으로 이어왔기 때문에 마음대로 성을 바꾸거나 새로운 한자로 성을 삼을 수 없었던 전통적 윤리관념도 새로운 성씨를 대량으로 생산하지 않은 원인이 되었을 가능성도 있다. 따라서 중국은 군망郡望이 발달하였고 우리는 본관 本貫이 발달하여 이로써 성씨에 대한 구분과 변별의 표지가 갖추어졌으며 그것으로 새로운 변화나 수적 분화를 감당할 수 있었던 것이 아닌가 한다.

이처럼 한국의 성씨는 실제 중국의 형태와 같지만 한국 특유의 새로운 유형을 가지고 있으며 비록 한자문화권에서 같은 한자를 사용하면서도 우리 고유의 자생 성씨가 있고 또 본관에 따라서는 그 성씨를 중국인이 그대로 가지고 와서 한국의 지명을 본관을 삼은 예가 거의 대부분이지만 일부는 중국 지명을 그대로 본관을 삼아 내려온 경우도 있음을 알 수 있다.

앞서 밝혔듯이 일본은 무려 27만 개의 성씨가 있으며 세계적으로는 성씨를 우리처럼 쓰는 민족이나 나라도 있으나 각기 그 민족의 문화와 풍습에 따라 사용 방법이 물론 다르다.

한편 미국의 경우 각 민족이 혼합하여 이루어진 다민족, 다문화 국가로서 역시 그들을 통해 세계 성씨의 일부 면모를 살필 수는 있다. 2007년 11월 18일 미국 인구통계국에 발표에 따르면 미국 내 성은 모두 600만여 개로써 이중 가장 흔한 성은 스미스(Smith)이며 237만 6천명, 2위는 존슨(Johnson), 그리고 윌리엄스(Williams), 브라운(Brown), 존스(Jones)의 성이 뒤를 잇고 있다. 그러나 90년대 이후 히스패닉계 인구가 무려 58%가 증가하여 라틴계 성인 가르시아(Garcia)가 26만 명이 늘어 총 86만여 명으로 8위를 차지하였으며 로드리게스(Rodriguez)가 9위를 차지하였다고 한다. 한편 한국, 중국, 백인이 함께 쓰는 리(Lee)씨는 60만이 넘어 24위를 기록하고 있으며 순수 한국 성씨인 김(Kim)

씨는 233위에서 109위로, 박(Park)씨는 461위에서 343위로, 최(Choi)씨는 1,527위에서 872위로 뛰어 올라 한국계 성씨가 급속히 늘고 있다는 흥미로운 사실이 밝혀지기도 하였다.(이상 2007년 11, 19 조선일보 기사)

10. 우리 성씨의 한글 표기

2007년 10월 2일부터 5일까지 노무현 대통령이 남북정상회담 차 평양에 갔을 때 그 이전 북에서는 남쪽 표기법을 존중, '노무현'으로 표기하기로 하였으나 TV에 비친 북의 현수막은 '로무현'이었다. 지금 같은 언어와 문자를 사용하는 남북과 중국 조선족자치주 중에 유독 우리만 어절의 어두 첫 음이 구개음화된 'ㄹ'이나 'ㄴ'로 시작될 때 음가가 없는 'ㅇ'으로 적거나(리→이, 뇨→요) 그 외 유음流音 'ㄹ'로 시작되는 것은 'ㄴ'으로 표기(라→나)하도록 하고 있다. 그것도 한자에만 한한다. 혈통 구분의 중요한 지표가 되는 성씨조차 이 두음법칙을 적용함으로써 성씨의 고유한 정체성을 잃고 있으며 언어생활에도 상당한 혼란을 야기시키고 있다. 그 때문에 지금 국민 4,900만 중 무려 23%인 1,100만 명이 이 두음법칙에 묶여 자신의 성씨를 본음으로 표기하지 못하고 있다.

2007년 8월 1일부터 "일상생활에 두음법칙을 지키지 않은 성씨는 그 예외를 인정한다"라 하여 리李 류柳, 라羅씨 등은 개정할 수 있다는 예규를 만들어 시행하고 있다. 그러나 이 역시 문제가 있다. 정정 신청이 본인과 직계에만 한정하도록 함으로써 형제, 사촌 사이에도 그 성씨 표기가 달라지고 말 것이기 때문이다.

결론적으로 말해 우리 언어생활에서 두음법칙은 사라져야 한다. 특히 한자어에서만 이 법칙을 적용함으로 인해 우리 언어생활에 적지 않은 불편과 불합리를 초래하고 있기 때문이다. 이는 우리 민족의 발음 능력을 지극히 비하한 열등 민족임을 자랑인 양 내세우는 언어정책이다. 과연 우리가 그러한 발음을 해내지 못한다면 어쩔 수 없지만 실제 전혀 그렇지 않다. 도리어 우리는 지구상 그 어느 민족보다 정확한 발음을 구사해내는 우수한 능력을 가지고 있다. 그럼에도 이를 거꾸로 우리 스스로 그러한 발음을 해

내지 못한다고 규정하여 강제하고 있으니 이처럼 무지막지한 경우가 어디 있겠는가! 우리는 세계에서 가장 정확한 발음을 표기하는 2,350여 개의 음절을 가지고 있다. 사실과 전혀 다르게 '그 음절이 어절 첫머리에 올 때 일부를 우리는 발음하지 못한다'고 지레 규정을 하는 것은 과학적으로나 민족 자존으로도 용인될 수 없는 일인데 하물며 한자문화권 속에서 뛰어난 문화 유산을 생산 발전시킨 환경을 역으로 몰고 가는 그 오류를 깨닫지 못한 채 고집하는 무지를 통탄하지 아니할 수 없다. 한자 이외에는 너그럽게 그 발음을 하도록 한다. 이를테면 우리는 Lincoln(링컨)을 '잉컨'이라 하지 않으며 New York(뉴욕)을 '유욕'이라 하지 않는다. '람보'를 '남보'라 하지 않으며, '리차드'를 '이차드'라 하지 않는다. 나아가 일본 '니가타'를 '이가타'라 하지 않으며 '라디오'를 '나디오'라 하지 않는다. 만약 옆 사람이 그렇게 발음한다면 '구강 구조가 문제가 있거나 아주 무식한 자'라 여길 것이다. 나아가 우리 어휘의 '녀석', '님' 등 얼마든지 구분하면서 유독 한자어에만 이 법칙을 적용함으로써 '한자 본음에 대한 무지', '한자 학습 부담 증가', '컴퓨터 변환 혼란과 이중二重 등재登載' 등을 넘어 '출판 등 매체 표기의 오류' 등 수 없는 문제를 낳고 있음에도 이를 바꾸지 않는 것은 잘못된 것이다.

다시 우리 성씨 표기로 돌아가 보자. 우선 우리의 주요 성씨 70여 개만을 대상으로 분석해도 다음과 같은 유형이 문제가 됨을 발견하게 된다.

〈1〉 두음법칙으로 인한 혼란 문제

▶리(李)↔이(伊, 異) ▶림(林)↔임(任) ▶류(柳, 劉)↔유(兪, 庾)
▶량(梁, 樑)↔양(楊) ▶려(呂)↔여(余) 등

〈2〉 두음법칙으로 인한 음가 변형과 변별능력 상실

▶로(盧, 魯, 路) ▶렴(廉, 濂) ▶라(羅) ▶련(連) ▶륙(陸) ▶룡(龍) ▶뢰(雷) ▶랑(浪)
▶루(樓) 등

〈3〉 동음이성同音異姓의 한글 표기로 인한 변별능력 상실

▶강(姜, 康, 强, 疆, 剛) ▶방(方, 房, 龐, 邦) ▶장(張, 蔣, 章, 莊) ▶진(陳, 晉, 眞, 秦)
▶정(鄭, 丁, 程) ▶신(申, 辛, 愼) ▶구(具, 丘, 邱) ▶전(全, 田, 錢) ▶국(鞠, 國, 菊)
▶조(趙, 曺) ▶서(徐, 西) ▶기(奇, 箕) ▶소(蘇, 邵) ▶주(朱, 周) ▶변(卞, 邊)
▶위(魏, 韋) ▶승(承, 昇) ▶모(牟, 毛) ▶하(河, 夏) ▶설(薛, 偰) ▶반(潘, 班)
▶견(甄, 堅) ▶원(元, 袁) ▶유(兪, 庾) ▶도(都, 陶) ▶렴(廉, 濂) ▶마(馬, 麻)
▶지(池, 智) ▶채(蔡, 采) ▶석(石, 昔) ▶경(慶, 景) ▶호(胡, 扈) ▶이(異, 伊)
▶공(孔, 公) ▶초(楚, 肖) 등

이처럼 순 한글로만 성씨를 표기한다면 우리나라 성씨는 주요 성씨가 40여 개밖에 되지 않는다. 성씨는 혈족 변별의 표지이다. 그 표지는 구분되는 변별능력을 가져야 한다. 따라서 당연히 원음을 밝혀 한자로 표기하거나 최소한 병기해야 한다. 그럼에도 한자를 저버리는 것을 넘어 두음법칙이라는 해괴한 논리로 본음조차 밝혀 적지 못한다면 이는 후손에게 엄청난 혼란을 주며 고통을 안겨 주게 될 것이다. 성씨를 통한 뿌리 찾기에서 자신은 소나무 뿌리인데 참나무에게 가서 우리 뿌리가 어떻게 되는가고 묻는 기현상이 나타나고 말 것이다. 따라서 호적 등 공문서에라도 한자는 병기되어야 하며 두음법칙으로 본음을 훼손하는 일은 고쳐져야 할 것으로 믿는다.

清代 天津 文煥堂에서 판각한 《百家姓》 표지

姓氏考略

清　秀水陳廷煒昭遠著

伊尹　伊尹力牧之後生於空桑　又呂氏春秋云有侁女採得嬰兒於空桑後居伊水命曰伊尹正也謂湯使之正天下故曰尹

接輿　姓陸氏名通

易牙　姓雍氏名巫能辨淄澠之水齊桓夜牛不嚥易牙調五味而食之至旦不覺嚥不喜食也

介子推　姓王氏名光從晉文出亡歸隱綿山

羊舌大夫　晉大夫叔向攘羊者以羊遺向母之事發檢羊惟舌存國人羞之遂以羊舌大夫稱之

文中子　姓王氏名通書列諸子中

毀桑餓人　史記餓人示眯明也注音為祈彌卽提彌明　左傳云是餓人

伯樂　姓孫氏名陽善識馬　韓文云伯樂一顧而冀北之馬群遂空

扁鵲　姓秦氏名越人少時為人舍長善醫

鬼谷子　姓王氏名詡受道老子居清溪之鬼谷因號

清　陳廷煒《姓氏考略》

〈清人嫁娶圖〉(부분)

〈清人嫁娶圖〉(부분)

畵像磚〈伏羲女媧〉四川 郫縣 출토

차례

❧ 책머리에
❧ 일러두기
❧ 해제
  1. 《백가성》의 찬술
  2. 《백가성》의 변천
  3. 《백가성》의 판본
  4. 중국 성씨와 '군망郡望'
  5. 성姓과 씨氏
  6. 중국의 '성씨학姓氏學'
  7. 중국 성씨의 숫자
  8. 한국의 성씨
  9. 한국의 귀화성씨
 10. 우리 성씨의 한글 표기

❧ 《百家姓》(全文)
❧ 본문

❧ 부록 I
  ※《백가성》에 등재되지 않은 주요 중국 성씨
❧ 부록 II
  ※ 民國初 石印本《百家姓》인본

백가성 百家姓

《백가성》 全文

趙錢孫李, 周吳鄭王. 馮陳褚衛, 蔣沈韓楊.
朱秦尤許, 何呂施張. 孔曹嚴華, 金魏陶姜.
戚謝鄒喻, 柏水竇章. 雲蘇潘葛, 奚范彭郎.
魯韋昌馬, 苗鳳花方. 俞任袁柳, 酆鮑史唐.
費廉岑薛, 雷賀倪湯. 滕殷羅畢, 郝鄔安常.
樂于時傅, 皮卞齊康. 伍余元卜, 顧孟平黃.
和穆蕭尹, 姚邵湛汪. 祁毛禹狄, 米貝明臧.
計伏成戴, 談宋茅龐. 熊紀舒屈, 項祝董梁.
杜阮藍閔, 席季麻強.

賈路婁危, 江童顏郭. 梅盛林刁, 鍾徐邱駱.
高夏蔡田, 樊胡凌霍. 虞萬支柯, 昝管盧莫.

經房裘繆, 干解應宗. 丁宣賁鄧, 郁單杭洪.
包諸左石, 崔吉鈕龔. 程嵇邢滑, 裴陸榮翁.
荀羊於惠, 甄麴家封. 芮羿儲靳, 汲邴糜松.
井段富巫, 烏焦巴弓. 牧隗山谷, 車侯宓蓬.
全郗班仰, 秋仲伊宮. 寧仇欒暴, 甘鈄厲戎.
祖武符劉, 景詹束龍.

葉幸司韶, 郜黎薊薄.　印宿白懷, 蒲邰從鄂.

索咸籍賴, 卓藺屠蒙.　池喬陰鬱, 胥能蒼雙.
聞莘党翟, 譚貢勞逄.　姬申扶堵, 冉宰酈雍.
郤璩桑桂, 濮牛壽通.　邊扈燕冀, 郟浦尚農.
溫別莊晏, 柴瞿閻充.　慕連茹習, 宦艾魚容.
向古易慎, 戈廖庾終.　暨居衡步, 都耿滿弘.
匡國文寇, 廣祿闕東.　歐殳沃利, 蔚越夔隆.
師鞏庫聶, 晁勾敖融.　冷訾辛闞, 那簡饒空.
曾母沙乜, 養鞠須豐.　巢關蒯相, 查後荊紅.
游竺權逯, 蓋益桓公.　万俟司馬, 上官歐陽.
夏侯諸葛, 聞人東方.　赫連皇甫, 尉遲公羊.
澹臺公冶, 宗政濮陽.　淳于單于, 太叔申屠.
公孫仲孫, 軒轅令狐.　鍾離宇文, 長孫慕容.
鮮于閭丘, 司徒司空.　亓官司寇, 仉督子車.
顓孫端木, 巫馬公西.　漆雕樂正, 壤駟公良.
拓跋夾谷, 宰父穀梁.　晉楚閆法, 汝鄢涂欽.
段干百里, 東郭南門.　呼延歸海, 羊舌微生.
岳帥緱亢, 況后有琴.　梁丘左丘, 東門西門.
商牟佘佴, 伯賞南宮.　墨哈譙笪, 年愛陽佟.
第五言福, 百家姓續.

◉ 본문

001: 趙(조)　002: 錢(전)　003: 孫(손)　004: 李(리)
005: 周(주)　006: 吳(오)　007: 鄭(정)　008: 王(왕)
009: 馮(풍)　010: 陳(진)　011: 褚(저)　012: 衛(위)
013: 蔣(장)　014: 沈(심)　015: 韓(한)　016: 楊(양)
017: 朱(주)　018: 秦(진)　019: 尤(우)　020: 許(허)
021: 何(하)　022: 呂(려)　023: 施(시)　024: 張(장)
025: 孔(공)　026: 曹(조)　027: 嚴(엄)　028: 華(화)
029: 金(김)　030: 魏(위)　031: 陶(도)　032: 姜(강)
033: 戚(척)　034: 謝(사)　035: 鄒(추)　036: 喩(유)
037: 柏(백)　038: 水(수)　039: 竇(두)　040: 章(장)
041: 雲(운)　042: 蘇(소)　043: 潘(반)　044: 葛(갈)
045: 奚(해)　046: 范(범)　047: 彭(팽)　048: 郞(랑)
049: 魯(로)　050: 韋(위)　051: 昌(창)　052: 馬(마)
053: 苗(묘)　054: 鳳(봉)　055: 花(화)　056: 方(방)
057: 兪(유)　058: 任(임)　059: 袁(원)　060: 柳(류)
061: 鄷(풍)　062: 鮑(포)　063: 史(사)　064: 唐(당)
065: 費(비)　066: 廉(렴)　067: 岑(잠)　068: 薛(설)
069: 雷(뢰)　070: 賀(하)　071: 倪(예)　072: 湯(탕)
073: 滕(등)　074: 殷(은)　075: 羅(라)　076: 畢(필)
077: 郝(학)　078: 鄔(오)　079: 安(안)　080: 常(상)
081: 樂(악)　082: 于(우)　083: 時(시)　084: 傅(부)
085: 皮(피)　086: 卞(변)　087: 齊(제)　088: 康(강)
089: 伍(오)　090: 余(여)　091: 元(원)　092: 卜(복)
093: 顧(고)　094: 孟(맹)　095: 平(평)　096: 黃(황)

097: 和(화)	098: 穆(목)	099: 蕭(소)	100: 尹(윤)
101: 姚(요)	102: 邵(소)	103: 湛(잠)	104: 汪(왕)
105: 祁(기)	106: 毛(모)	107: 禹(우)	108: 狄(적)
109: 米(미)	110: 貝(패)	111: 明(명)	112: 臧(장)
113: 計(계)	114: 伏(복)	115: 成(성)	116: 戴(대)
117: 談(담)	118: 宋(송)	119: 茅(모)	120: 龐(방)
121: 熊(웅)	122: 紀(기)	123: 舒(서)	124: 屈(굴)
125: 項(항)	126: 祝(축)	127: 董(동)	128: 梁(량)
129: 杜(두)	130: 阮(완)	131: 藍(람)	132: 閔(민)
133: 席(석)	134: 季(계)	135: 麻(마)	136: 强(강)
137: 賈(가)	138: 路(로)	139: 婁(루)	140: 危(위)
141: 江(강)	142: 童(동)	143: 顔(안)	144: 郭(곽)
145: 梅(매)	146: 盛(성)	147: 林(림)	148: 刁(조)
149: 鍾(종)	150: 徐(서)	151: 邱(구)	152: 駱(락)
153: 高(고)	154: 夏(하)	155: 蔡(채)	156: 田(전)
157: 樊(번)	158: 胡(호)	159: 凌(릉)	160: 霍(곽)
161: 虞(우)	162: 萬(만)	163: 支(지)	164: 柯(가)
165: 昝(잠)	166: 管(관)	167: 盧(로)	168: 莫(막)
169: 經(경)	170: 房(방)	171: 裘(구)	172: 繆(무·묘)
173: 干(간)	174: 解(해)	175: 應(응)	176: 宗(종)
177: 丁(정)	178: 宣(선)	179: 賁(분)	180: 鄧(등)
181: 郁(욱)	182: 單(선)	183: 杭(항)	184: 洪(홍)
185: 包(포)	186: 諸(제)	187: 左(좌)	188: 石(석)
189: 崔(최)	190: 吉(길)	191: 鈕(뉴)	192: 龔(공)

193: 程(정)	194: 嵇(혜)	195: 邢(형)	196: 滑(활)
197: 裵(배)	198: 陸(륙)	199: 榮(영)	200: 翁(옹)
201: 荀(순)	202: 羊(양)	203: 於(어)	204: 惠(혜)
205: 甄(견)	206: 麴(국)	207: 家(가)	208: 封(봉)
209: 芮(예)	210: 羿(예)	211: 儲(저)	212: 靳(근)
213: 汲(급)	214: 邴(병)	215: 麋(미)	216: 松(송)
217: 井(정)	218: 段(단)	219: 富(부)	220: 巫(무)
221: 烏(오)	222: 焦(초)	223: 巴(파)	224: 弓(궁)
225: 牧(목)	226: 隗(괴)	227: 山(산)	228: 谷(곡)
229: 車(차)	230: 侯(후)	231: 宓(복·밀)	232: 蓬(봉)
233: 全(전)	234: 郗(치)	235: 班(반)	236: 仰(앙)
237: 秋(추)	238: 仲(중)	239: 伊(이)	240: 宮(궁)
241: 寧(녕)	242: 仇(구)	243: 欒(란)	244: 暴(폭·포)
245: 甘(감)	246: 斜(두)	247: 厲(려)	248: 戎(융)
249: 祖(조)	250: 武(무)	251: 符(부)	252: 劉(류)
253: 景(경)	254: 詹(첨)	255: 束(속)	256: 龍(룡)
257: 葉(엽)	258: 幸(행)	259: 司(사)	260: 韶(소)
261: 郜(고)	262: 黎(려)	263: 薊(계)	264: 薄(박)
265: 印(인)	266: 宿(숙)	267: 白(백)	268: 懷(회)
269: 蒲(포)	270: 邰(태)	271: 從(종)	272: 鄂(악)
273: 索(삭)	274: 咸(함)	275: 籍(적)	276: 賴(뢰)
277: 卓(탁)	278: 藺(린)	279: 屠(도)	280: 蒙(몽)
281: 池(지)	282: 喬(교)	283: 陰(음)	284: 鬱(울)
285: 胥(서)	286: 能(내)	287: 蒼(창)	288: 雙(쌍)
289: 聞(문)	290: 莘(신)	291: 党(당)	292: 翟(적)

293: 譚(담)	294: 貢(공)	295: 勞(로)	296: 逄(방)
297: 姬(희)	298: 申(신)	299: 扶(부)	300: 堵(도)
301: 冉(염)	302: 宰(재)	303: 酈(력)	304: 雍(옹)
305: 郤(극)	306: 璩(거)	307: 桑(상)	308: 桂(계)
309: 濮(복)	310: 牛(우)	311: 壽(수)	312: 通(통)
313: 邊(변)	314: 扈(호)	315: 燕(연)	316: 冀(기)
317: 郟(겹)	318: 浦(포)	319: 尙(상)	320: 農(농)
321: 溫(온)	322: 別(별)	323: 莊(장)	324: 晏(안)
325: 柴(시)	326: 瞿(구)	327: 閻(염)	328: 充(충)
329: 慕(모)	330: 連(련)	331: 茹(여)	332: 習(습)
333: 宦(환)	334: 艾(애)	335: 魚(어)	336: 容(용)
337: 向(상·향)	338: 古(고)	339: 易(역)	340: 愼(신)
341: 戈(과)	342: 廖(료)	343: 庾(유)	344: 終(종)
345: 暨(기)	346: 居(거)	347: 衡(형)	348: 步(보)
349: 都(도)	350: 耿(경)	351: 滿(만)	352: 弘(홍)
353: 匡(광)	354: 國(국)	355: 文(문)	356: 寇(구)
357: 廣(광)	358: 祿(록)	359: 闕(궐)	360: 東(동)
361: 歐(구)	362: 殳(수)	363: 沃(옥)	364: 利(리)
365: 蔚(울)	366: 越(월)	367: 夔(기)	368: 隆(륭)
369: 師(사)	370: 鞏(공)	371: 庫(사)	372: 聶(섭)
373: 晁(조)	374: 勾(구)	375: 敖(오)	376: 融(융)
377: 冷(랭)	378: 訾(자)	379: 辛(신)	380: 闞(감)
381: 那(나)	382: 簡(간)	383: 饒(요)	384: 空(공)
385: 曾(증)	386: 毋(무)	387: 沙(사)	388: 乜(먀)
389: 養(양)	390: 鞠(국)	391: 須(수)	392: 豊(풍)

393: 巢(소)	394: 關(관)	395: 蒯(괴)	396: 相(상)
397: 査(사)	398: 後(후)	399: 荊(형)	400: 紅(홍)
401: 游(유)	402: 竺(축)	403: 權(권)	404: 逯(록)
405: 蓋(개)	406: 益(익)	407: 桓(환)	408: 公(공)
409: 万俟(묵기)	410: 司馬(사마)	411: 上官(상관)	412: 歐陽(구양)
413: 夏侯(하후)	414: 諸葛(제갈)	415: 聞人(문인)	416: 東方(동방)
417: 赫連(혁련)	418: 皇甫(황보)	419: 尉遲(울지)	420: 公羊(공양)
421: 澹臺(담대)	422: 公冶(공야)	423: 宗政(종정)	424: 濮陽(복양)
425: 淳于(순우)	426: 單于(선우)	427: 太叔(태숙)	428: 申屠(신도)
429: 公孫(공손)	430: 仲孫(중손)	431: 軒轅(헌원)	432: 令狐(령호)
433: 鍾離(종리)	434: 宇文(우문)	435: 長孫(장손)	436: 慕容(모용)
437: 鮮于(선우)	438: 閭丘(려구)	439: 司徒(사도)	440: 司空(사공)
441: 亓官(기관)	442: 司寇(사구)	443: 仉(장)	444: 督(독)
445: 子車(자거)	446: 顓孫(전손)	447: 端木(단목)	448: 巫馬(무마)
449: 公西(자서)	450: 漆雕(칠조)	451: 樂正(악정)	452: 壤駟(양사)
453: 公良(공량)	454: 拓跋(탁발)	455: 夾谷(협곡)	456: 宰父(재보)
457: 穀梁(곡량)	458: 晉(진)	459: 楚(초)	460: 閆(염)
461: 法(법)	462: 汝(여)	463: 鄢(언)	464: 涂(도)
465: 欽(흠)	466: 段干(단간)	467: 百里(백리)	468: 東郭(동곽)
469: 南門(남문)	470: 呼延(호연)	471: 歸(귀)	472: 海(해)
473: 羊舌(양설)	474: 微生(미생)	475: 岳(악)	476: 帥(솔)
477: 緱(구)	478: 亢(강)	479: 況(황)	480: 后(후)
481: 有(유)	482: 琴(금)	483: 梁丘(량구)	484: 左丘(좌구)
485: 東門(동문)	486: 西門(서문)	487: 商(상)	488: 牟(모)
489: 佘(사)	490: 佴(내)	491: 伯(백)	492: 賞(상)

493: 南宮(남궁)　494: 墨(묵)　495: 哈(합)　496: 譙(초)
497: 笪(달)　498: 年(년)　499: 愛(애)　500: 陽(양)
501: 佟(동)　502: 第五(제오)　503: 言(언)　504: 福(복)

百家姓續.

331
茹(Rú): 여

茹 주로 北京, 上海 등지에 분포함.

(원류)

① 희성姬姓에서 기원

춘추시대 鄭(姬姓)나라 대부로 公子 班의 자가 子如였다. 그 지손의 서손이 조상의 자를 성으로 삼아 如氏로 하였다. 漢代 학자 如淳이 그 후손이다. 그 뒤 자손이 그 글자에 '艹'를 더하여 茹씨가 되었다.

② 외족의 개성

北朝 後魏의 鮮卑族에 普陸茹氏(普陸茹氏)가 중원으로 들어와 성을 여씨로 바꾸었다. 한편 東胡族의 한 지파 郁久閭氏가 後魏 때 柔然國을 건국하였다. 柔然은 蠕蠕, 茹茹라고도 칭하였으며 西魏 때 突厥族이 유연국을 멸하자, 그 부족이 中原으로 도망하여 들어와 茹茹를 성씨로 삼았다가 글자를 줄여 茹氏라 한 것이다.

(군망(郡望)) : 河內 · 河南郡.

[역사상 주요 인물]

【茹法亮】남조 齊 大司農.
【茹瞻】북조 齊 시랑.
【茹榮】당대 효자.
【茹孝標】북송 江州知州.
【茹瑺】명초 兵部尙書.
【茹洪】명대 화가.
【茹棻】청대 병부상서.

332
習(xí): 습

 주로 湘(湖南), 섬서 등지에 분포함.

원류

⓪ 고대 나라 이름에서 기원

춘추시대 習國(지금의 陝西 商州市 동남 武關)이 망하자, 그 유민들이 나라 이름을 성씨로 삼았다.

군망(郡望) : 東陽·襄陽郡.

역사상 주요 인물

【習承業】 동한 汶山太守.
【習郁】 동한 侍中.
【習珍】 삼국 蜀漢 都尉.
【習溫】 삼국 東吳 武昌太守.
【習鑿齒】 동진 사학가.
【習韶】 명초 兵部郎中.

333
宦(Huàn): 환

 貴州 遵義市와 江蘇 丹陽市에 주로 분포함.

[원류]

⓪ 벼슬 '仕宦'의 '宦'자를 성씨로 취한 것 같으나, 자세한 시기나 地緣 등은 알 수 없다.

[군망(郡望)] : 東陽郡.

[역사상 주요 인물]

【宦績】명대 진사.

334
艾(Ài): 애

 주로 陝西, 黑龍江, 河北, 江西 등지에 널리 분포함.

[원류]

① 사성姒姓에서 기원

夏王 少康 때 왕종 대신으로 汝艾(女艾)가 있었으며, 그 후손이 조상의 이름을 취하여 성씨로 삼은 것이다.

② 전씨田氏에서 기원

춘추 후기 齊나라 대신 田孔이 艾陵(지금의 山東 泰安市 동남)에 살아 艾孔이라 칭하였다. 그 지손의 서손들이 지명을 따라 성씨로 삼았다.

③ 외족의 개성

北朝 後魏 때 艾斤氏와 去斤氏 등이 모두 艾姓으로 바꾸었다.

[군망(郡望)] : 天水・汝南郡.

역사상 주요 인물

【艾銓】동한 東平太守.
【艾伯堅】동한 汝南太守.
【艾晟】북송 考功員外郎.
【艾自新】명대 학자.
【艾穆】명대 太僕少卿.
【艾元徵】청대 형부상서.

335
魚(Yú): 어

 주로 陝西 지역에 가장 많이 분포함.

원류

① 자성子姓에서 기원

춘추시대 宋(子姓) 桓公의 아들 目夷의 자가 子魚였으며, 그 후손이 조상의 자를 취하여 성씨로 삼았다.

② 고대 어국魚國에서 기원

춘추시대 지금의 重慶市 奉節縣 일대에 魚國이 있었으며, 그 족인들이 나라 이름을 성씨로 삼은 것이다.

③ 외족의 개성과 분화

唐代 神策大將軍 尙可孤는 본래 鮮卑族 宇文氏의 한 지파였는데, 宦官 魚朝恩의 양자가 되어 성명은 魚智德으로 바꾸었다가 뒤에 다시 李氏 성을 하사받아 李嘉勳이 되었다. 이에 그 후손들이 魚, 李, 尙 등 세 성씨로 분화되었다.

군망(郡望) : 雁門·馮翊郡.

역사상 주요 인물

【魚豢】삼국 魏 사학가.
【魚思賢】당대 任丘令.
【魚玄機】당대 女道士, 시인.
【魚孟威】당대 郴州刺史.
【魚周詢】북송 御史中丞.
【魚侃】명대 開封府知府.

336
容(Róng): 용

 주로 山東, 山西, 陝西, 甘肅, 湖北, 廣東, 海南, 北京 등지에 분포함.

원류

① 인명에서 기원

고대 黃帝 軒轅氏의 신하로 容成이란 자가 있어, 曆法을 처음으로 제정하였다. 그 후손이 조상의 이름을 취하여 容成氏라 하였다가 뒤에 줄여서 容씨로 하였다.

② 高陽氏에서 기원

고대 顓頊 高陽氏의 여덟 아들을 八愷라 불렀는데 그 중 하나가 仲容이었다. 그 후손이 容씨로 성을 삼은 것이다.

③ 고대 용씨국容氏國에서 기원

고대 容氏國이라는 작은 나라가 있었으며, 그 후손이 容으로 성씨를 삼았다.

④ 관직 이름에서 기원

周나라 때 禮樂을 담당하는 관직을 '容'이라 하였다. 그들 후손이 이를 성씨로 취한 것이다.

⑤ 남궁씨南宮氏에서 기원

춘추시대 孔子 제자로 南宮适이 있었는데 그 자가 子容이었다. 그 후손이 조상의 자를 성씨로 삼은 것이다.

군망(郡望) : 敦煌郡.

역사상 주요 인물

【容苴】금대 保定知府.
【容悌與】명초 香山縣教諭.
【容璘】명대 효자.
【容若玉】명대 良吏.

337
向(xiàng): 상(향)

 주로 湖南 등지에 집중적으로 분포함.

[원류]

① 강성姜姓에서 기원

炎帝 神農氏의 후예로 이름이 向이라는 자가 있어 제후로 봉해졌다. 그 지손 서손이 조상의 이름을 성씨로 삼은 것이다.

② 기성祁姓에서 기원

서주 초, 帝堯의 祁姓 후예가 向(지금의 山東 莒縣 남쪽, 혹 山東 臨沂市의 古向城이라고도 함)에 봉해졌는데 춘추시대 莒에게 망하자, 그 후손이 나라 이름을 성씨로 삼은 것이다.

③ 자성子姓에서 기원

춘추시대 宋(子姓) 桓公의 아들 힐(肸)이 향(지금의 安徽 亳州市)에 봉하여져 상보(向父)라 불렸다. 그 지손 서손이 조상의 자를 성씨로 삼은 것이다. 한편 그 후손이 다시 桓氏와 司馬氏로 분화되어 춘추 말 상보의 후예 상퇴(向魋)가 桓魋로도 불렸다. 그 상퇴의 아우 상리(向犁)는 자가 牛이며 이가 공자 제자 司馬牛이다.

④ 외족의 개성

東漢 巴郡의 南郡蠻 五大姓에 向氏(일명 相氏)가 있었으며 向氏의 다른 원류이다.

⑤ '向'의 독음

이 '向'자가 성씨로 쓰일 때는 우리나라에서는 흔히 '상'으로 읽어 왔다. 그러나 《廣韻》에 許亮切로 중국음으로는 단일 음이다.

군망(郡望) : 河南郡.

역사상 주요 인물

【向寵】 삼국 蜀漢 명장.
【向秀】 서진초 명사.
【向敏中】 북송 재상.
【向子韶】 남송초 淮寧府知府.
【向士璧】 남송말 명장.
【向侃】 명대 어사.

338
古(Gŭ): 고

 주로 四川, 廣東 등지에 분포함.

원류

① 희성姬姓에서 기원

周나라 古公亶父의 支孫 서자의 후손이 조상 古公의 '古'자를 성씨로 삼은 것이다.

② 고성씨古成氏에서 기원

東周 때 晉나라 대부 극주(郤犨)가 苦城(지금의 河南 鹿邑縣)에 봉을 받아 苦城叔이라 하였다. 뒤에 '苦'자가 와전되어 '古城'이 되었으며, 그 지손 서손 후예가 봉읍을 성씨로 삼은 것이다.

③ 외족의 개성

北朝 後魏 鮮卑族의 吐奚氏와 薄奚氏가 모두 '古'로 성씨를 취하였다.

군망(郡望) : 新安郡.

역사상 주요 인물

【古弼】 북조 後魏 이부상서.
【古之奇】 당대 知縣.
【古成之】 북송초 縣令.
【古彦輝】 명초 監察御史.
【古朴】 명대 호부상서.
【古其品】 南明 侍郎.

339
易(Yi): 역

> 易 중국 100大姓의 하나. 230여만 명(현재 중국 전체 인구의 약 0.19%). 주로 長江 中流, 上流 지역에 집중적으로 분포함.

(원류)

① 유역씨有易氏에서 기원

고대 黃帝 軒轅氏 때 한 지파에 유목 부락으로 有易氏가 있어 河北 易水 지역에 살고 있었다. 商나라 후기까지 그들이 華北 각지에 활동하면서 그 씨족 이름을 성으로 삼은 것이다.

② 강성姜姓에서 기원

서주 초 齊(姜姓)나라 개국 군주 姜太公(呂尙)의 후손으로 雍氏가 출현하였다. 춘추시대 齊 桓公의 대부 雍巫는 자가 牙로 음식 조리에 뛰어나 易邑(지금의 河北 雄縣 서북)에 봉해져 易牙로 불렸다. 그 자손이 봉지를 성씨로 삼은 것이다.

③ 희성姬姓에서 기원

周 武王의 아우 畢公 高(姬高)의 후예 畢萬이 춘추시대 魏(지금의 山西 芮城縣 동북)에 봉해져 나라를 세웠다. 이 나라가 전국시대 발전하여 전국

칠웅이 되었으며, 그 후예로써 옛 冀州 易水를 채읍으로 받은 자가 있어 그 물 이름을 성씨로 삼았다. 다른 한편으로는 전국시대 燕(姬姓)나라 공족 대부로써 易邑을 봉으로 받은 자가 그 봉지를 성으로 삼은 것이다.

군망(郡望) : 太原・濟陽郡.

역사상 주요 인물

【易凱】삼국 魏 雍州刺史.
【易雄】동진 春陽令.
【易元吉】북송 화가.
【易祓】남송 장원.
【易節】명대 貴州布政使.
【易翼之】명대 학자.
【易佩坤】청대 江蘇布政使.
【易順鼎】청말 시인.

340
愼(shèn): 신

愼

원류

① 미성芈姓에서 기원

춘추시대 楚(芈姓)나라 太子 建의 아들 白公 勝이 있었는데, 그 후손이 愼邑(지금의 安徽 潁上縣 서북)에 봉을 받아 그 지손의 서손이 읍 이름을 성으로 삼은 것이다.

② 인명에서 기원

전국 초 魏나라 학자로서 禽滑釐(禽屈釐, 禽滑黎)가 있어, 자가 愼子였으며 墨子(墨翟)의 제자였다. 그 후대가 조상의 자를 성씨로 삼은 것이다.

③ 愼氏의 개성

남송 초 宋 孝宗 조신(趙眘. 眘은 愼의 고자)의 이름을 피휘하여 강남의 일부 '愼'씨들은 성을 '眞'으로 바꾸었다.

군망(郡望) : 天水郡.

역사상 주요 인물

【愼到】전국 趙 사상가.
【愼東美】북송 시인.
【愼從吉】북송 開封府知府.
【愼蒙】명대 監察御史.
【愼旦】명대 학자.

341
戈(Gē): 과

 주로 江蘇, 浙江 등지에 분포함.

[원류]

① 과국戈國에서 기원

夏나라 초기 東夷族의 有窮氏 后羿가 夏나라 정권을 찬탈하였다가, 뒤에 다시 寒浞에게 피살되고 말았다. 한착이 그 막내아들 희(豷)를 戈(지금의 河南 杞縣)에 봉하였다. 뒤에 하나라 少康이 나라를 중흥시킨 다음 이 戈國을 멸하자, 그 유민들이 나라 이름을 성씨로 삼은 것이다.

② 사성姒姓에서 기원

夏王 少康(姒姓)이 중흥한 뒤 동족의 대부를 戈 땅에 봉하여 하나라 부용국으로 삼았다. 그 후손이 역시 그 지명을 성씨로 삼은 것이다.

[군망(郡望)]: 臨海郡.

역사상 주요 인물

【戈叔義】원대 화가.
【戈允禮】명대 工部侍郞.
【戈尙友】명대 刑部主事.
【戈汕】명대 화가.
【戈宙襄】청대 학자.

342
廖(Liào): 료

중국 80大姓의 하나. 400여만 명(현재 중국 전체 인구의 약 0.34%). 주로 華南 지역에 집중적으로 분포함.

원류

① 동성董姓에서 기원

顓頊 高陽氏의 후예 陸終의 여섯 아들 중에 둘째 惠連을 參胡라고도 하며 董姓을 얻었다. 혜련의 아들 叔安이 료(飂, 지금의 河南 唐河縣 남쪽 湖陽鎭) 땅에 봉해져 飂叔安이라 불렸다. 이 飂國이 西周 초 주나라에게 병탄되자, 그 유민이 나라 이름을 성씨로 삼은 것이다. 고대 '飂'와 '廖' 두 글자는 서로 통하여 뒤에 '廖'자로 표기가 굳어졌다.

② 언성偃姓에서 기원

고대 동이족의 수령 고요(皐陶)가 堯舜시대 刑官이 되었으며 偃姓이었다. 서주 초 그 후손이 蓼(지금의 河南 固始縣 동북 蓼城岡)를 봉지로 받았으나, 춘추시대 楚 穆王에게 망하고 말았다. 이에 그 유족이 나라 이름을 성씨로 삼았다. 고대 '蓼'와 '廖'는 통용자로 뒤에 '廖'자로 표기가 굳어졌다.

③ 희성姬姓에서 기원

서주 초 周 武王이 그 아우 伯廖를 옛 飂國의 땅에 봉하였으며, 춘추시대 이 나라가 楚나라에게 망하였다. 이에 그 자손이 나라 이름을 성씨로 삼은 것이다. 이는 廖성의 또 다른 한 지파이다.

④ 외성, 외족의 개성

商末 무(繆)성의 관리가 紂王의 학정을 반대하다가 결국 사직하고 略陽山(지금의 甘肅 天水市 서쪽)에 은거하면서 성을 廖씨로 바꾸었다. 한편 전국시대 巴蜀 지역의 巴夷 賨族 중 역시 廖씨 성이 있었다. 그리고 명초 福建 詔安의 張氏성이 같은 고을의 廖氏 집으로 데릴사위로 가면서 성을 廖씨로 바꾸었다. 그러나 그 자손이 장씨성과의 연관을 끊을 수 없어 張성의 郡望인 淸河와 廖성으 군망이 武威에서 각 한 글자씩을 취하여 당호를 '淸武堂'이라 하고, 별도로 淸武堂廖氏라 하였으며 오늘날 廖氏의 한 지파가 되었다.

군망(郡望) : 汝南・鉅鹿・武威郡.

역사상 주요 인물

【廖扶】 동한 학자.
【廖化】 삼국 蜀漢 명장.
【廖剛】 남송초 공부상서.
【廖行之】 남송 문학가.
【廖道南】 명대 학자.
【廖燕】 청대 문학가.
【廖壽恆】 청대 軍機大臣.
【廖平】 청말 학자.

343
庾(Yǔ): 유

 주로 北京, 陝西 등지에 분포함.

원류

ⓞ 관직 이름에서 기원

堯임금 때 '掌庾大夫'(창고를 관리하는 직책)라는 직책이 있어 그 후손들이 이를 성씨로 삼았다. 周나라에 이르러 다시 '司庾之官'이라는 倉庫와 庾廩을 관장하는 직책을 두었는데 이는 대대로 세습하는 직업으로써 그 자손들이 이를 성씨로 삼았다. 같은 예로 '倉', '庫', '庾', '廩' 등의 성씨가 생겨났다.

군망(郡望) : 濟陽 · 潁川郡.

역사상 주요 인물

【庾乘】동한 명사.
【庾亮】동진 司空.
【庾曼倩】남조 梁 학자.
【庾肩吾】남조 梁 문학가.

【庾信】북조 周 문학가.
【庾敬休】당대 시인.

344
終(zhōng): 종

[원류]

① 高陽氏에서 기원

顓頊 고양씨의 裔孫 陸終의 자손이 조상의 이름을 성씨로 삼았다.

② 임성妊姓, 任姓에서 기원

夏(妊)나라 말기 桀王의 太史 終古(일명 鍾古)의 후손들이 그 조상의 이름을 따서 성씨로 삼았다.

[군망(郡望)] : 南陽郡.

[역사상 주요 인물]

【終軍】 서한 諫議大夫.
【終郁】 당대 縣令.

【終愼思】송대 학자.
【終其功】명대 鴻臚寺主簿.

345
曁(Jì): 기

원류

① 高陽氏에서 기원

고대 顓頊 高陽氏 후예 陸終의 셋째 아들 이름이 籛이었으며, 大彭(지금의 江蘇 徐州)에 봉을 받아 大彭氏라 하였다. 그 후손이 商나라 때 伯爵이 되었으며, 다시 그 후손이 諸曁(지금의 江蘇 江陰市 동쪽 莫城鄕, 혹은 江蘇 常熟市 동쪽이라고도 함)에 봉을 받은 자가 있어 諸氏와 曁氏 두 성씨가 나오게 되었다.

② 희성姬姓에서 기원

춘추시대 吳王(姬姓) 夫差의 아우 夫槪가 있었는데, 그 지손 서손이 원수를 피하여 조상의 이름을 성씨를 삼아 槪씨로 하였다가 '木'을 제하고 '旦'을 더하여 글자를 만들어 '曁'씨로 하였다.

군망(郡望): 餘杭·渤海郡.

역사상 주요 인물

【暨豔】 삼국 東吳 상서.
【暨遜】 동진 關內侯.
【暨陶】 북송 狀元.

吳王夫差

346
居(Jū): 거

> 居 주로 江蘇 등지에 분포함.

[원류]

① 고대 거邱나라에서 기원

商周 시기에 제후국 중에 거(邱)국이 있었으며 뒤에 이웃나라에 병탄되자, 그 유민이 'β'부를 제외한 글자를 써서 성씨로 삼은 것이다.

② 두성杜姓에서 기원

춘추시대 周나라 대부 중에 杜伯의 아들 隰叔이 晉나라 대부가 되어 先邑을 봉으로 받았다. 그 자손이 先을 성으로 삼았다가, 晉 文公 때 中軍元帥 先軫이 국정을 장악하면서 그 아들 선저거(先且居)가 中軍元帥를 세습하여 자손의 서손이 그 이름 居자를 성씨로 삼은 것이다.

[군망(郡望)]: 渤海郡.

역사상 주요 인물

【居股】서한 東城侯.
【居理貞】원대 平定州同知.
【居仁】명초 학자.
【居節】명대 서화가.

347
衡(Héng): 형

衡 주로 四川, 陝西 등지에 분포함.

(원류)

① 이씨伊氏에서 기원

商나라 초기 伊尹은 이름이 摯였으며 湯王을 도와 夏王 桀을 쳐부수고 공을 세워 阿衡이라 불렸다. 그 이윤의 지손 서손들이 衡자를 성씨로 삼은 것이다.

② 희성姬姓에서 기원

춘추시대 魯(姬姓)나라 공족으로 公子 衡의 후대가 그 조상의 이름을 성씨로 삼은 것이다.

③ 원씨袁氏에서 기원

東漢 말 대장군 袁紹가 官渡의 전투에서 曹操에게 패하고 그 아들들이 피살되자, 그 지손들이 화를 면하고자 남쪽 湖南 衡山 근처로 옮겨 살면서 산 이름을 성씨로 하였다.

군망(郡望) : 汝南·雁門郡.

역사상 주요 인물

【衡咸】 서한 학자.
【衡胡】 동한 학자.
【衡毅】 동한 蒼梧太守.

348
步(Bù): 보

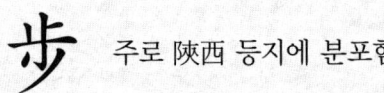
주로 陝西 등지에 분포함.

원류

① 희성姬姓에서 기원

춘추시대 晉나라 대부 郤豹의 셋째 아들 郤義가 아들을 낳자 이름을 揚이라 하였으며, 그가 步邑(지금의 山西 臨汾市 남쪽)에 봉을 받아 步揚이라 하였다. 그 지손의 서손들이 그 봉읍을 성으로 삼은 것이다.

② 외족의 개성

北朝 後魏 때 步鹿根氏가 漢化하면서 성을 步씨로 하였다.

군망(郡望): 平陽郡.

역사상 주요 인물

【步騭】삼국 東吳 승상.
【步熊】서진 방사.

349
都(Dū): 도

都 주로 安徽, 遼寧 등지에 분포함.

[원류]

① 姬姓에서 기원

춘추 초기 鄭나라 공족 대부 公孫閼의 자가 子都였은데, 그 후손들이 그 字로써 성씨를 삼았다.

② 미성芈姓에서 기원

춘추시대 楚나라 公子田이 都邑에 봉을 받아 公都氏라 하였다. 이에 그 서손들이 이를 줄여 都氏로 성을 삼았다.

[군망(郡望)] : 黎陽 · 吳興郡.

[역사상 주요 인물]

【都隨】 북송 太常少卿.

【都郁·都潔】 부자 모두 남송초 학자.

【都卬·都穆】 부자 모두 명대 학자.

【都杰】 명대 南京兵部尙書.

350
耿(Gěng): 경

耿 주로 河北, 河南, 江蘇, 安徽, 山東, 山西, 黑龍江, 遼寧 등지에 집중적으로 분포함.

[원류]

① 자성子姓에서 기원

商나라 중엽 왕 祖乙이 相(지금의 河南 內黃縣 동남)에서 邢(지금의 河南 溫縣 동쪽)으로 천도하였고, 盤庚이 다시 亳(지금의 河南 商丘市 동남)으로 천도하였다. 이에 원래 邢 땅에 잔류하였던 이들이 邢을 성씨로 삼았다. 고대 邢을 耿으로 읽어 耿자를 취하여 성을 정하였다.

② 희성姬姓에서 기원

商나라 때 작은 나라로 耿國(지금의 山西 河津市 서남)이 있었으며, 서주 초에 망하여 周 武王이 동성 제후를 그곳에 봉하였다. 춘추시대 이 나라가 晉나라에게 망하자, 그 공족 대부들이 옛 나라 이름을 성씨로 삼은 것이다.

[군망(郡望)]: 高陽郡.

역사상 주요 인물

【耿壽昌】서한 大司農.
【耿弇】동한초 建威大將軍.
【耿秉】동한 명장.
【耿昌言】당대 화가.
【耿全斌】북송초 명신.
【耿九疇】명대 南京刑部尙書.
【耿介】청대 학자.

351
滿(Mǎn): 만

滿 주로 陝西 등지에 분포함.

(원류)

① 규성嬀姓에서 기원

서주 초 周 武王이 舜임금의 후손 滿을 찾아 陳(지금의 河南 淮陽縣)에 봉하고, 그가 죽자 胡公이라 시호를 내렸다. 그리하여 역사에서는 그를 '胡公滿'이라 부른다. 춘추시대 진나라가 楚나라에게 망하자, 그 公族이 나라 이름을 성씨로 삼았으며 일부는 이름을 성으로 삼아 陳, 滿 두 성씨가 나타나게 되었다.

② 외성隗姓에서 기원

춘추시대 赤狄의 隗姓에 潞·洛·泉·全·滿 다섯 성씨가 있었으며 그 중 하나이다.

③ 만씨瞞氏에서 기원

춘추시대 楚나라 荊蠻 중에 瞞氏가 있었으며, 그 뜻이 '속이다'라 하여 글자를 '滿'자로 바꾸었다.

군망(郡望) : 山陽·河東郡.

역사상 주요 인물

【滿昌】 서한 학자.
【滿寵】 삼국 魏 명장.
【滿奮】 서진 尙書令.
【滿聞】 북송초 시인.
【滿福周】 명대 浙江左布政使.

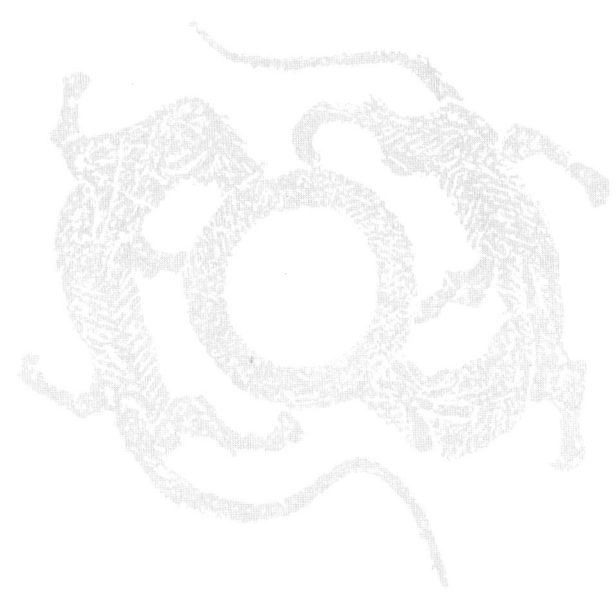

352
弘(Hóng): 홍

[원류]

① 희성姬姓에서 기원

춘추시대 衛나라 公族大夫 弘演이 衛 懿公에게 중용되었으며, 그 후손이 이를 성씨로 삼았다. 그리고 唐代에 이르러 태자 李弘의 이름을 피휘하여 洪氏와 李氏로 개성하였다가, 뒤에 일부 사람들이 다시 본래의 弘氏로 복원하였다고 한다.

② 일부 소수민족 중에 曲阿弘氏가 줄여서 弘氏로 개성하였다고도 한다.

[군망(郡望)]: 太原郡.

[역사상 주요 인물]

【弘恭】 서한 中書令.
【弘咨】 삼국 東吳 孫權 매부.

353
匡(Kuāng): 광

> 匡 주로 遼寧, 北京 등지에 분포함.

원류

① 고대 광국匡國에서 기원

西周 武王 때 소국 匡나라 匡侯의 후예 匡俗 등 7 형제가 廬山에 초막을 짓고 살고 있어 匡廬라 불렸다.

② 지명에서 기원

춘추시대 魯나라 대부 施孝權의 가신 句須가 匡邑(지금의 河南 長垣縣 서남)의 邑宰가 되어 匡句須라 불렸다. 그 후손이 지명을 성씨로 삼은 것이다. 다른 한 갈래는 춘추시대 鄭나라에 역시 匡邑(지금의 河南 扶溝縣 서남)이라는 지명이 있어 그곳에 살던 주민들이 지명을 성씨로 삼았다. 세 번째 갈래로는 춘추시대 衛나라 역시 匡邑(지금의 河南 睢縣 서쪽)이 있어 역시 그곳 주민들이 지명을 성씨로 삼은 것이다.

③ 개성

이 匡성들은 북송 太祖 趙匡胤의 이름을 피휘하여 성을 '主'로 바꾸었다가, 북송 후기 민간에 '主'라는 성이 있는 것은 타당하지 못하다 하여 다시 '康'으로 바꾸도록 하였다. 그러나 송이 망한 이후 일부 康氏는 다시 옛 성을 찾아 匡氏로 회복하기도 하였다.

군망(郡望) : 晉陽郡.

역사상 주요 인물

【匡衡】 서한 승상.
【匡昕】 남조 齊 효자.
【匡才】 원초 沂邳東河元帥.
【匡福】 명초 武德將軍.
【匡愚】 명대 명의.
【匡翼之】 명대 廣東按察使.

354
國(Guó): 국

 주로 山東 지역에 집중적으로 분포함.

원류

① 인명에서 기원

고대 禹임금 때 신하 國哀는 주로 車馬를 담당하는 일을 맡았는데, 그 후손들이 조상의 이름을 취하여 성씨로 삼은 것이다.

② 강성姜姓에서 기원

춘추시대 齊(姜姓)나라 上卿으로 국귀보(國歸父, 시호는 莊子)가 있었는데, 그 후손이 國자를 성으로 삼았다.

③ 희성姬姓에서 기원

춘추시대 鄭(姬姓) 穆公의 아들로 公子 發의 자가 子國이었다. 그 후손이 조상의 자를 취하여 성으로 삼았다.

④ 외족의 개성

한국 삼국시대 百濟 귀족의 8大姓으로 國氏가 있었으며, 이들이 唐나라 때 중국으로 옮겨 살면서 그 성을 이어갔다.

군망(郡望) : 下邳郡.

역사상 주요 인물

【國佐】 춘추 齊 대부.
【國由】 서한말 학자.
【國淵】 삼국 魏 太僕, 학자.

355
文(Wén): 문

 중국 100大姓의 하나. 200여만 명(현재 중국 전체 인구의 약 0.17%). 주로 廣東, 廣西, 江西, 湖南 등지에 분포함.

원류

① 희성姬姓에서 기원

두 갈래로 나눌 수 있다.
첫째, 서주 초 周 武王(姬發)이 자신의 아버지 姬昌의 시호를 文王이라 하였다. 이에 문왕의 지손 서손이 그 시호를 성씨로 삼은 것이다.
둘째, 周 文王의 9째 아들 康叔의 후손이며 춘추시대 衛 獻公의 卿이었던 손림보(孫林父)의 자가 文子였으며 孫文子라 불렸다. 그 자손이 조상의 자를 성씨로 삼은 것이다. 이 문씨 성은 문씨의 가장 주된 姓源이다.

② 강성姜姓에서 기원

서주 초 炎帝 神農氏의 후예가 許(지금의 河南 許昌市) 땅을 봉지로 받았으며, 그 시호가 '文'으로 許文叔으로 불렸다. 전국 초 허나라가 楚나라에게 망하자, 그 유족의 한 지파가 허문숙의 시호를 취하여 문씨를 성씨로 하였다.

③ 규성嬀姓에서 기원

　　서주 초 周 武王이 舜임금의 후손 嬀滿 찾아 陳나라에 봉하여 나라를 세워 주었다. 춘추시대 陳 厲公의 아들 陳完이 齊나라로 망명하여 성을 田씨로 바꾸어 田完이라 하였다. 그 후손이 姜氏 齊를 무너뜨리고 전국칠웅의 田氏齊를 세웠으며, 齊 威王의 손자 田文이 孟嘗君에 봉해져 시호를 文子라 하였다. 이에 그 후손이 시호에서 '文'자를 성씨로 삼게 된 것이다.

④ 외성, 외족의 개성

　　五代 때 敬성이었던 사람이 後晉 황제 石敬瑭의 이름을 피휘하여 '敬'자에서 '苟'자를 제하고, 형태가 비슷한 '攵'부를 '文'자로 여겨 이를 성씨로 하였다가, 뒤를 이은 後漢 때 다시 '敬'자로 환원하였다. 그러다가 北宋 초 宋 太祖가 그 아버지 趙敬을 翼祖로 추존하자, 역시 '敬'자를 쓰던 성씨가 다시 '文'자를 사용하여 피휘하였다. 그밖에 淸代 滿洲族 八旗의 喜塔喇氏와 文札氏 등이 집단적으로 文씨를 성으로 하였다.

군망(郡望) : 雁門郡.

역사상 주요 인물

【文種】춘추말 越 대부.
【文翁】서한 蜀郡郡守.
【文聘】삼국 魏 명장.
【文彦博】북송 재상.
【文同】북송 화가.
【文及翁】남송 학자.
【文天祥】남송말 충신.

【文徵明·文彭·文嘉】명대 서화가.
【文廷式】청대 문학가, 維新派名臣.

356
寇(Kòu): 구

 주로 遼寧, 河北, 陝西 등지에 집중적으로 분포함.

(원류)

① 기성己姓에서 기원

商나라 말기 昆吾 사람으로 蘇邑에 봉해진 자가 있었다. 서주 초 蘇忿生이 周 武王을 도와 司寇 벼슬을 하였으며, 그 지손 서손이 '司寇'의 '寇'자를 성씨로 삼은 것이다.

② 희성姬姓에서 기원

두 갈래로 나눌 수 있으며, 서주 초 周 文王의 아들 康叔이 사구가 되어 그 후손이 역시 구를 성씨로 삼았다. 다음으로 춘추시대 衛(姬姓) 靈公의 손자 蘭이 위나라 司寇가 되어 司寇氏로 하였다가 줄여서 寇氏를 성으로 삼았다.

③ 외족의 개성

魏晉시대 북방 烏桓族에 寇氏 성이 있었으며, 北朝 後魏 鮮卑族의 古口引氏가 魏 孝文帝를 따라 洛陽으로 들어온 뒤 한화하여 구씨를 성으로 삼았다.

군망(郡望) : 上谷・馮翊郡.

역사상 주요 인물

【寇恂】동한초 穎川太守.
【寇祺】동한 濟陰相.
【寇讚】북주 後魏 安南將軍.
【寇謙之】북조 後魏 도사.
【寇洛】북조 周 명장.
【寇儁】북조 周 驃騎大將軍.
【寇準】북송 재상.
【寇愼】명대 蘇州知府.

357
廣(Guǎng): 광

廣 주로 北京, 四川 등지에 분포함.

원류

① 광성씨廣成氏에서 기원

黃帝 때 隱士였던 廣成子가 崆峒山 石室에 은거하였던 일을 두고, 그 후대들이 이를 '廣成'을 성씨로 삼았다가 다시 줄여서 '광'씨라 하였다.

② 광무씨廣武氏에서 기원

西漢 초 廣武君 李左車의 후손들이 성씨로 삼았다고 하며, 다른 일설에는 같은 봉호인 廣武君 陳餘의 후손이 이를 성씨로 삼았다고도 한다.

군망(郡望) : 丹陽郡.

역사상 주요 인물

【廣嵩】명대 명사.

廣成子

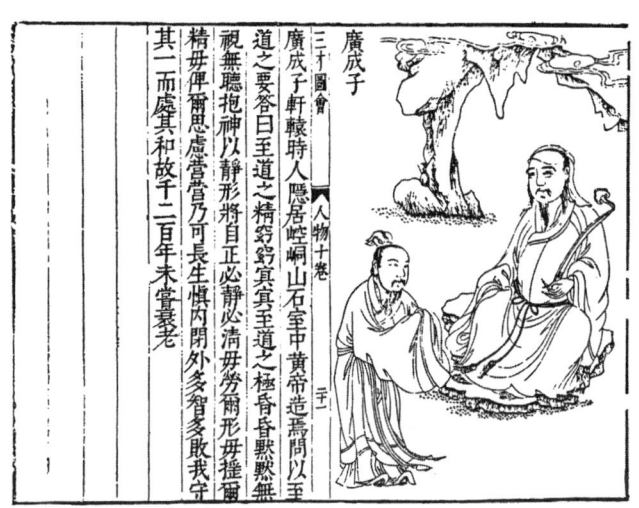

三才圖會 人物十卷

廣成子軒轅時人隱居崆峒山石室中黃帝造焉問至道之要答曰至道之精窈窈冥冥至道之極昏昏默默無視無聽抱神以靜形將自正必靜必清毋勞爾形毋搖爾精毋俾爾思慮營營乃可長生慎內閉外多智多敗我守其一而處其和故千二百年未嘗衰老

廣成子《三才圖會》

358
祿(Lù): 록

(원류)

① 자성子姓에서 기원

商나라 末王 紂의 맏아들 武庚은 자가 녹보(祿父)였다. 서주 초 반란을 꾀하였다가 周公에 의해 피살되자, 그 자손의 조상의 자를 성씨로 삼은 것이다.

② 관직 이름에서 기원

周나라에 司祿之官이란 관직이 있었으며, 그 후손이 그 관직명을 취하여 성씨로 삼은 것이다.

③ 외족의 개성

北朝 後魏 때 북쪽 骨咄祿氏가 漢化하면서 祿氏로 성을 삼았다.

군망(郡望): 扶風郡.

역사상 주요 인물

【祿存】명대 명사.

359
闕(Què): 궐

闕　주로 廣東, 四川, 陝西, 上海 등지에 분포함.

원류

지명에서 유래되었으며 네 가지로 구분된다.

① 춘추시대 孔子가 闕里(闕黨. 지금의 山東 曲阜 闕里街)에 거주하여 궐당의 동자가 있었다. 그 후손이 그 마을 이름을 성으로 삼은 것이다.

② 춘추시대 卿士 중에 闕黨에 봉해진 자가 있어, 그 후손들이 그 마을 이름을 성씨로 삼은 것이다.

③ 《左傳》에 闕鞏이라는 마을이 있었으며, 그 지역에 살던 사람들이 지명을 성씨로 삼은 것이다.

④ 고대 궁궐의 문 곁에 사는 사람이 '闕門'을 성으로 하였다가 줄여서 闕氏라 한 것이다. 西漢 때 闕門慶忌란 인명이 그 예이다.

군망(郡望): 下邳郡.

역사상 주요 인물

【闕翊】한대 荊州刺史.
【闕膺】명대 豐縣令.
【闕淸】명대 平涼府知府.
【闕士琦】명말 시인.
【闕嵐】청대 화가.

360
東(Dōng): 동

 주로 北京, 河北, 陝西 등지에 분포함.

[원류]

⓪ 伏羲氏에서 근원하였다. 복희씨의 후손 중에 東不訾(일명 東不識)가 舜임금의 七友 중 하나가 되었으며, 그 후손이 그 이름을 취하여 성씨로 삼았다.

[군망(郡望)] : 平原郡.

[역사상 주요 인물]

【東富】 한대 中郎將.
【東良會】 원대 商州總督.
【東郊】 명대 어사.

361
歐(ōu): 구

 주로 廣東, 湖南, 四川 등 남방에 집중적으로 분포함.

원류

① 구야씨歐冶氏에서 기원

춘추 후기 越나라에 검제작에 뛰어난 歐冶子가 歐餘山(지금의 浙江 湖州市 남쪽 昇山) 일대 철광석을 캐어 칼을 제조하였다. 뒤에 越王의 초빙을 받아 冶山(지금의 福建 閩侯縣)에서 湛盧, 巨闕, 勝邪, 魚腸, 純鉤 등 다섯 가지 명검을 제조하였으며, 뒤에 干將과 더불어 楚王을 위하여 龍淵, 泰阿(太阿), 工布(工市) 등 세 가지 명검을 제작하였다. 뒤에 그 후손이 歐冶氏, 歐氏 등을 성씨로 하였다가 '欠'을 제하고 區씨로 표기하기도 하였다. 이 경우 '區'는 'ōu'로 읽는다.

② 사성姒姓에서 기원

전국시대 전기 越나라가 楚나라에게 멸망하고, 월왕 無疆의 둘째 아들 蹄가 烏程(지금의 浙江 湖州市) 歐餘山 남쪽(陽)에 봉해져 歐陽亭侯로 불렸다. 그 지손 서손이 지명을 성씨로 하여 歐氏, 歐陽氏, 歐侯氏 등 세 성이 생겨 났으며, 그 뒤 일부 歐陽氏와 歐侯氏도 역시 줄여 歐氏라 하였다.

군망(郡望) : 平陽郡.

역사상 주요 인물

【歐寶】한대 효자.
【歐慶】북송 永春知縣.
【歐大任】명대 南京工部郞中.
【歐信】명대 廣西總兵.
【歐道江】명대 학자.

362
殳(shū): 수

원류

① 강성姜姓에서 기원

炎帝 神農氏(姜姓)의 후예 伯陵이 있었는데, 그의 셋째 아들 이름이 殳였으며 처음 화살통을 발명하였다. 이에 堯임금이 그를 殳侯라 칭하여 殳氏 성이 생겼다.

② 유우씨有虞氏에서 기원

舜 유우씨의 신하로써 이름이 수장(殳斨)이라는 자가 있었으며, 그 후손이 수자를 성씨로 삼은 것이다.

③ 기구 명칭에서 기원

고대 새해 아침에 거행하는 행사로써 殳라는 무기(대나무로 만든 八角 몽둥이 형태의 무기로 끝에 칼날을 묶었으며 길이가 한길 2척이었다 함)를 들고 의장대를 이루어 검열하는 의식이 있었다. 이를 맡은 관직이 그 殳자를 성씨로 삼은 것이다.

군망(郡望) : 武功郡.

역사상 주요 인물

【殳季眞】 남조 宋 명사.
【殳邦淸】 명대 효자.
【殳黙】 청대 才女.

363
沃(Wò): 옥

 주로 上海 등지에 분포함.

원류

① 자성子姓에서 기원

商나라 제6대 왕 沃丁의 支孫과 庶子孫이 조상의 이름을 성씨로 하여 옥성이 되었다.

② 주나라 때 宋微子의 후예들이 沃邑(지금의 河北 趙縣)에 봉을 받은 자가 있어 그 후인들이 지명을 성씨로 삼았다.

군망(郡望): 太原郡.

역사상 주요 인물

【沃墅】명초 溫縣知縣.
【沃頖】명대 荊州知州.

364
利(Li): 리

利 주로 廣東에 집중적으로 분포함.

[원류]

① 이씨理氏에서 기원

고대 帝堯 때 皐陶를 理官(형법관)으로 삼아 刑獄을 맡아 다스리게 하였다. 그 후손이 이에 리씨를 성으로 삼았는데, 그 후손 理利貞이 殷末 紂王의 폭정을 피하여 도망하다가, 오얏(李)을 따먹고 살아나 李氏로 하였다가 그 후손 李耳(노자)가 태어났다. 노자의 후손 孫中이 다시 옛 조상 理利貞의 이름에서 利자를 취하여 성씨로 삼았다.

② 희성姬姓에서 기원

춘추시대 晉(姬姓)나라 대부 孫이 利邑(지금의 陝西 渭南 일대)을 채읍으로 받아 利孫氏라 불렀다. 그 후손이 땅 이름을 성씨로 삼은 것이다.

③ 미성羋姓에서 기원

춘추시대 楚(羋姓)날 공족 대부가 利邑(지금의 四川 廣元市)를 식읍으로 받아, 그 지손 서손이 봉지를 성으로 삼은 것이다.

④ 외족의 개성

　　北朝 後魏 鮮卑族 叱利氏가 중원으로 들어와 漢化하면서 利를 성으로 삼았다.

군망(郡望) : 河南郡.

역사상 주요 인물

【利幾】秦末 陳縣令.
【利申】북송 학자.
【利元吉】남송 학자.
【利本堅】명대 安岳縣丞.

365
蔚(wèi): 위(울)

蔚 주로 陝西, 廣東 등지에 분포함.

원류

① 희성姬姓에서 기원

周 宣王 때 鄭나라 공자 翩이 蔚邑(지금의 山西 平遙縣, 혹 靈丘縣이라고도 함)에 봉을 받아 蔚翩이라 불렸다. 그 후손이 봉읍을 성으로 삼은 것이다.

② 비슷한 성씨의 통합

고대 尉, 蔚, 熨 등의 글자는 통용하였다. 따라서 蔚성은 尉, 熨 등의 성이 통합된 것으로 보고 있다. 戰國시대 유명한 병가 尉繚子(尉僚子)의 경우 역시 蔚繚子로도 표기하며, 蔚은 옛날에는 '울'(Yù)로 읽었으나 지금은 '위'(Wèi)로 읽기도 한다.

군망(郡望): 琅琊郡.

역사상 주요 인물

【蔚昭敏】북송 명장.
【蔚綬】명초 禮部尙書.
【蔚能】명대 禮部右侍郞.
【蔚春】명대 兵科給事中.

366
越(Yuè): 월

越 廣東 지역에 주로 분포함.

(원류)

① 사성姒姓에서 기원

夏王 少康(姒姓)의 庶子 無餘가 會稽(지금의 浙江 紹興) 땅을 봉을 받아 越나라를 세웠다. 전국시대 월나라가 초나라에게 망하자, 그 왕족의 지손 서손들이 나라 이름을 성으로 삼은 것이다.

② 외족의 개성

北朝 後魏 때 庫狄越勒氏와 鮮卑族의 越强氏, 越質氏 등이 모두 越氏로 성을 삼았다.

(군망(郡望)) : 晉陽郡.

[역사상 주요 인물]

【越石父】춘추 齊 현사.
【越昇】명대 학자.
【越英】명대 瀘州知州.
【越其杰】명대 河南巡撫.

367
夔(Kui): 기

원류

① 인명에서 기원

堯舜 때 樂正 夔가 있었으며, 그 후손이 그 이름을 성씨로 삼은 것이다.

② 미성芈姓에서 기원

춘추시대 楚(芈姓)나라 군주 熊摯의 후손이 夔城(지금의 湖北 秭歸縣)에 봉을 받아 夔子國이 되었다. B.C.634년 기자국이 초나라에게 망하자, 그 자손들이 나라 이름을 성씨로 삼은 것이다.

군망(郡望): 京兆郡.

역사상 주요 인물

【夔信】명대 학자.

368
隆(Lóng): 륭

> 隆 주로 四川에 집성촌을 이루고 있음.

[원류]

① 지명에서 기원

춘추시대 魯나라 지명으로 隆邑이 있었으며, 그 지역에 살던 사람들이 지명을 취하여 성씨로 삼았다.

② 외족의 개성

西漢 때 북방 匈奴族의 일부가 隆氏로 성을 바꾸었다.

[군망(郡望)] : 南陽郡.

[역사상 주요 인물]

【隆英】 명대 어사.
【隆光祖】 명대 工部尚書.

369
師(shi): 사

師 주로 陝西, 遼寧, 北京, 四川 등지에 분포함.

[원류]

① 관직 명칭에서 기원

夏殷周 삼대에 樂官을 '師'라 하였다. 이를테면 夏나라 師延, 商의 師涓, 周나라 師尹 등이 그 예이다. 이들 후손이 이에 師를 성으로 취한 것이다.

② 기예技藝의 명칭에서 기원

西周로부터 춘추전국에 이르기까지 민간에서 악기를 연주하는 이들을 '師'라 칭하였다. 晉나라 師曠, 魯나라 師乙, 鄭나라 師悝, 師觸, 師蠲, 師慧 등이다 이들을 후손이 역시 師자를 성으로 삼은 것이다.

[군망(郡望)]: 太原·平原郡.

역사상 주요 인물

【師丹】 서한 학자, 大司空.
【師圭】 동진 방사.
【師頑】 북송초 知制誥.
【師遇】 남송 학자.
【師安石】 금대 尚書右丞.
【師逵】 명대 吏部尚書.

370
鞏(Gǒng): 공

 중국 山西省, 內蒙古 등지에 주로 분포함.

원류

⓪ 周나라 성씨 姬姓에서 기원

춘추시대 周 敬王의 卿士였던 簡公이 鞏邑(지금의 하남 鞏義市)을 봉받아 세칭 鞏簡伯이라 하였으며, 그 支孫과 자손들이 그 봉읍을 성으로 삼았다.

군망(郡望) : 山陽郡.

역사상 주요 인물

【鞏伋】 동한 侍中.
【鞏豐】 남송 시인.
【鞏信】 남송말 江西招討使.
【鞏珍】 명초 航海家.
【鞏珪】 명대 良吏.
【鞏建豐】 청대 翰林院侍讀學士.

371
厙(shè): 사

[원류]

① 관직 이름에서 기원

고대 창고를 지키는 업무를 맡은 대부가 있었으며, 그 후손들이 그 글자를 성씨로 삼은 것이다. 《後漢書》 竇融傳에 金城(지금의 甘肅 皐蘭縣 서북)太守 厙鈞에 대하여, 淸代 王先謙의 《後漢書集解》에 '厙'는 '庫'자의 속자라 풀이하였다. 이 '厙'자는 《集韻》에 '式夜切'로 음이 '사'이다.

② 외족의 개성

北朝 後魏 庫門氏와 庫傉官氏 등이 모두 고(庫)씨로 성을 바꾸었으며, 北周 때 厙狄氏가 사(厙)씨로 성을 바꾸었다.

③ 庫姓으로 통합

隋나라 초기 사(厙)자는 모두 고(庫)자로 바꾸어, 厙氏 성은 모두 庫氏로 통합되었다.

군망(郡望) : 河南·魯郡.

역사상 주요 인물

【庫鈞】 동한 金城太守.

372
聶(Niè): 섭

聶　주로 湖北에 집중적으로 분포함.

원류

① 지명에서 기원

춘추시대 邢國에 聶城(지금의 山東 茌平縣 서쪽, 혹 河南 淸平縣 북쪽이라고도 함)이 있어, 형나라가 齊나라에게 망하자 그곳에 살던 사람들이 지명을 성씨로 삼게 되었다.

② 강성姜姓에서 기원

춘추시대 齊(姜姓)나라 丁公의 자손이 聶城에 봉해져 제나라 부용국이 되었다. 그 후인이 지명을 따라 성씨를 삼게 되었다.

③ 희성姬姓에서 기원

《元和姓纂》에 의하면 춘추시대 衛(姬姓)나라 공족 대부 중에 聶을 채읍으로 받아 그 자손이 이를 성씨로 하였다는 것이다. 그러나 위나라는 지금의 하남 복양시 일대에 있었으며, 먀성(乜城)은 있어도 聶城은 없는 것으로 보아 이는 乜城의 잘못이 아닌가 한다. 고대 乜와 聶은 같은 음으로 고대 이 乜姓이 聶姓으로 바뀐 것으로 보고 있다. 한편 우리 음으로 성씨일 경우 '섭'으로 읽지만 중국 음으로는 《集韻》에 '昵輒切'(녑), 《正字通》에 直涉切(접)로 되어 있고 지금 백화어 음으로는 모두 '녑'에 해당하는 'Niè'로 읽고 있다.

군망(郡望) : 河東·新安郡.

역사상 주요 인물

【聶政】전국 韓 義俠.
【聶友】삼국 東吳 丹陽太守.
【聶松】남조 梁 화가.
【聶夷中】당대 시인.
【聶隱娘】당대 女傑.
【聶崇義】북송초 학자.
【聶冠卿】북송 翰林學士.
【聶豹】명대 학자.
【聶士成】청말 명장.

373
晁(Cháo)：조

> 晁　주로 陝西, 遼寧, 北京, 四川 등지에 분포함.

【원류】

O 희성(姬姓)에 기원을 두고 있다. 그 중 한 지파는 春秋시대 周 敬王의 막내아들 王者 朝가, 일찍이 귀족 尹氏의 지지를 받아 난을 일으켜 경왕을 축출하고 자립하여 왕이 되었다. 그러나 3년 뒤 주 경왕이 晉나라의 도움으로 왕권을 회복하자, 왕자 조는 주나라 전적을 가지고 楚나라로 도망하였다. 그 후손이 조상의 자를 성씨로 하여 朝氏라 하였다. 고대 朝와 晁는 음이 같아 조씨가 변하여 조씨로 표기하게 된 것이다.

다음으로 다른 하나는 춘추시대 衛(姬姓)나라 공족 대부 史晁가 있었는데, 그 지손 서자가 조상의 이름을 취하여 晁氏로 성을 삼은 것이다.

【군망(郡望)】 : 京兆·潁川郡.

【역사상 주요 인물】

【晁錯】 서한 명신.
【晁崇】 북조 後魏 학자.

【晁逈】북송 문학가, 공부상서.
【晁補之】북송 학자, 문학가.
【晁公武】남송 목록학자.
【晁公遡】남송초 시인.
【晁顯】원대 병부상서.
【晁瑮】명대 장서가.

374
勾(Gōu): 구

 주로 北京, 四川 등지에 분포함.

원류

① 神農氏에서 기원

炎帝 신농씨의 후손으로 句龍氏(勾龍氏)가 黃帝 顓頊의 土正 벼슬에 올랐다. 그 후손의 한 지파가 북방으로 들어가 匈奴의 대족이 되었으며, 이들이 東漢 때 南匈奴 大人 句龍吾斯로써 漢나라에 귀순하여 성을 句씨로 바꾸었다.

② 金天氏에서 기원

少昊 金天氏의 셋째 아들 重이 句芒木正의 직위에 올랐으며, 그 후손이 句芒의 句자를 취하여 성으로 삼은 것이다.

③ 외성의 개성

南宋 초 宋 高宗 趙構의 이름 '構'자를 피휘하여 '句'자를 모두 '勾'자로 바꾸었으며, 혹은 '艹'를 더하여 '苟'씨로 하기도 하였다.

군망(郡望) : 平陽·渤海郡.

역사상 주요 인물

【句井疆】 춘추 衛, 공자제자.
【句扶】 삼국 蜀漢 명장.
【句台符】 수대 학자.
【句中正】 북송초 문자학자.
【句克儉】 북송 河東轉運使.
【勾濤】 남송초 潭州知州.

375
敖(áo): 오

敖 중국 四川省과 陝西省 등지에 비교적 많이 분포함.

[원류]

① 인명에서 기원

顓頊 高陽氏의 스승이었던 太敖(大敖)의 이름에서 뒤 후손들이 敖氏를 성씨로 삼았다.

② 미성芈姓에서 기원

楚나라 왕족의 성씨가 芈氏였으며, 춘추시대 초나라는 피살되거나 시해된 임금의 시호가 없으면, 대체로 초나라 말로 '敖'라는 칭호를 붙였는데 이들의 후손이 이를 성씨로 삼았다.

[군망(郡望)] : 譙郡·魯郡.

역사상 주요 인물

【敖潁】당대 진사.
【敖陶孫】남송 溫陵通判.
【敖繼公】원대 학자.
【敖山】명대 문학가.
【敖文禎】명대 禮部尙書.
【敖英】명대 江西右布政使.

376
融(Róng): 융

 주로 江西 등지에 분포함.

[원류]

◎ 高陽氏에 기원을 두고 있다. 고대 顓頊 고양씨의 후손 중에 祝融氏가 帝嚳의 火正이 되어 火神으로 추앙을 받았다. 그 후손이 '祝融'을 성으로 삼았는데, 뒤에 다시 이 글자가 낱자씩 성으로 분화하여 祝姓과 融姓으로 나뉘었다. 그 때문에 중국에서는 祝氏와 融氏를 동원의 같은 성으로 여기고 있다.

[군망(郡望)]: 南康郡.

[역사상 주요 인물]

없음.

377
冷(Lěng): 랭

 주로 湖南, 四川, 遼寧 등지에 분포함.

[원류]

① 관직 이름에서 기원

상고 황제 때 악관으로 이름난 영륜(泠倫)이 있었으며, 고대 배우나 악관을 흔히 伶人이라 불렀다. 이 때문에 '泠倫'을 '伶倫'으로도 표기하였다. 그 후손들이 泠씨라 하였으며, 글자가 와전되어 冷씨가 된 것이다. 泠은 음이 '령'으로 중국어로 'Líng'이다.

② 희성姬姓에서 기원

춘추시대 衛(姬姓)나라 공족으로 冷邑에 봉을 받은 자가 있어 그 지손 서손이 지명을 성씨로 삼은 것이다. 음은 '랭'이며 중국음은 'Lěng'이다.

[군망(郡望)] : 京兆·新蔡郡.

> 역사상 주요 인물

【冷壽光】 동한말 술사.
【冷廷叟】 북송 명사.
【冷世光·冷世修】 형제 모두 남송초 진사.
【冷謙】 명초 화가.
【冷曦】 명초 御史.
【冷麟】 명초 鄞縣令.
【冷枚】 청대 화가.

378
眥(zi): 자

 주로 河北 등지에 분포함.

(원류)

① 자추씨眥陬氏에서 기원

三皇시대 眥陬氏라는 제후가 있었다. 제곡(帝嚳)의 妃는 자추씨 출신이었으며, 그 후손이 나라 이름을 성씨로 삼아 자추씨라 하였다가 줄여서 眥氏를 성으로 삼은 것이다.

② 지명에서 기원

동주 때 眥地(지금의 河南 鞏義市 서남)라는 지명이 있었으며, 그곳에 살던 이들이 지명을 성씨로 삼은 것이다. 한편 춘추시대 姜姓의 紀國(지금의 山東 壽光市 남쪽)에 眥城이 있었으며, 그 나라가 齊나라에 병탄되자 그곳에 거주하던 이들이 성 이름을 성씨로 삼은 것이다.

③ 외성의 개성

南朝시대 齊나라 祭성을 가졌던 사람이 祭는 '제사지내다'의 뜻임을 못마땅히 여겨 성을 眥로 바꾸었다.

군망(郡望): 渤海郡.

역사상 주요 인물

【訾祐】춘추 晉 대부 范宣子의 가신.
【訾順】서한 樓虛侯.
【訾亘】금대 道士.
【訾汝道】원대 義士.

379
辛(Xīn): 신

 주로 山東과 東北 각 지역에 집중적으로 분포함.

(원류)

① 고신씨高辛氏에서 기원

黃帝의 아들 현효(玄囂)는 호가 高辛氏였다. 그 족인이 호의 첫 글자를 취하여 성으로 삼았다.

② 유신씨有莘氏에서 기원

고대 有莘氏 부락은 지금의 河南 商丘市로부터 山東 曹縣 일대에 활동하고 있었다. 夏禹의 어머니는 바로 이 유신씨의 딸이었으며, 商湯의 아내 역시 이 부락 출신이었다. 유신씨의 족인이 이에 莘자를 성으로 삼았다가 뒤에 '艹'를 제외하고 글자를 辛자로 표기하였다.

③ 사성姒姓에서 기원

夏(姒姓)나라 초기 夏王 啓가 그 지손의 아들을 莘(지금의 陝西 合陽縣 동남)에 봉하였다. 이에 그 후손이 봉지 이름을 성씨로 삼았으며 역시 '艹'를 제하고 표기하였다.

④ 자성子姓에서 기원

商(子姓)나라 임금의 이름 중에 12지의 '辛'자가 들어가는 이들이 많았다. 祖辛, 小辛, 廩辛, 帝辛(紂) 등이 그 예이다. 이에 그 지손 서손들이 후대에 조상의 왕호에 있는 이 글자를 취하여 성으로 삼은 것이다.

⑤ 외성의 개성

五代 北周 사람으로 項亶이 있었는데 성을 辛으로 하사받았다. 그 후손이 이를 바꾸지 아니하고 그대로 사용하여 또 다른 辛氏의 근원이 되었다.

군망(郡望) : 隴西·雁門郡.

역사상 주요 인물

【辛甲】 서주초 太史.
【辛騰】 진나라 장군.
【辛慶忌】 서한 左將軍.
【辛延年】 동한 시인.
【辛京杲】 당 명장.
【辛棄疾】 남송 유명 詞작가.
【辛浩】 명대 御史.

380
闞(Kàn)∶ 감

 주로 江蘇, 山東 등지에 분포함.

원류

① 길성姞姓에서 기원

黃帝 때 姞姓의 후예들이 闞鄕(지금의 河南 范縣)에 봉을 받아, 그 후손들이 지명을 성으로 삼은 것이다.

② 강성姜姓에서 기원

춘추시대 齊(姜姓)나라 공족 대부 止가 闞邑(지금의 山東 汶上縣 서남)에 봉을 받아 闞止라 불렸다. 그 후손들이 역시 그 지명을 성으로 삼은 것이다.

군망(郡望) ∶ 天水・會稽郡.

역사상 주요 인물

【闞澤】 삼국 東吳 太子太傅.
【闞駰】 북조 後魏 학자.
【闞稜】 당초 용장.
【闞文興】 원대 萬戶府知事.

381
那(Nā): 나

那 주로 遼寧, 北京, 河北 등지에 분포함.

[원류]

① 자성子姓에서 기원

춘추시대 楚 武王이 子姓의 權(지금의 湖北 當陽市 동남)나라를 멸하자, 그곳 사람들이 那(지금의 湖北 荊門市 동남 那口城)로 옮겨 그곳 지명을 성씨로 삼은 것이다.

② 이족의 개성

고대 東夷 부락에 有那氏가 있었으며, 漢代 羌族 燒當部에 역시 有那氏가 있었다. 그리고 西域 大宛國에 破落那氏가 있어, 그들이 중국으로 들어와 那氏를 성으로 삼았다. 한편 淸代 滿洲族 八旗 중 那拉氏 역시 那姓으로 바꾸었다.

[군망(郡望)]: 天水·丹陽郡.

역사상 주요 인물

【那頡】十六國 後燕 遼西太守.
【那尙絅】명 擧人.
【那嵩】명말 沅江知府.

382
簡(Jiǎn): 간

 주로 四川, 臺灣 등지에 집중적으로 분포함.

원류

① 희성姬姓에서 기원

춘추시대 周 武王의 아들 康叔의 후예 狐鞫居가 晉나라 대부가 되어 공을 세워 續邑에 봉해졌으며, 시호가 簡으로 簡伯이라 불렸다. 이에 그 지손의 서자가 그 시호를 성으로 삼은 것이다.

② 외족의 개성

동한 때 句章(지금의 浙江 慈溪市 서남) 衛儉이 피휘를 위해 간씨로 바꾸었으며, 그 후손이 그대로 사용한 것이다. 또한 삼국시대 蜀漢 昭德將軍 簡雍은 본래 耿氏였으나, 幽州 사람들이 '耿'을 '簡'으로 발음하여 성씨의 표기가 변한 것이다.

군망(郡望): 范陽郡.

[역사상 주요 인물]

【簡卿】서한 학자.
【簡雍】삼국 촉한 昭德將軍.
【簡文會】오대 南漢 尙書右丞.
【簡克己】남송 학자.
【簡世傑】남송 賀州知州.
【簡芳】명 兵部郞中.

383
饒(Ráo): 요

 주로 湖北, 江西 두 성에 집중적으로 분포함.

[원류]

① 기성祁姓에서 기원

帝堯 陶唐氏의 후손으로 堯임금의 堯자를 성씨로 삼았다가, 뒤에 '食'을 가하여 '풍요롭다'의 뜻을 성씨로 삼았다.

② 유우씨有虞氏에서 기원

帝舜 有虞氏의 후손 商均의 지손 서자가 饒 땅에 봉을 받아 그 후손이 땅 이름을 성씨로 삼은 것이다.

③ 강성姜姓에서 기원

전국 초기 齊(姜姓)나라 공족 대부로써 饒邑(지금의 山東 靑州市)에 봉을 받은 자가 있어, 그 후손이 읍 이름을 성으로 삼았다.

④ 영성嬴姓에서 기원

전국시대 조(嬴姓) 悼襄王이 그 아우 長安君을 饒邑(지금의 河北 饒陽縣)에 봉하여, 그 후손이 땅 이름을 성씨로 삼았으며 장안군을 시조로 모신다.

군망(郡望) : 平陽郡.

역사상 주요 인물
【饒斌】 동한 漁陽太守.
【饒子儀】 북송 학자.
【饒節】 북송 승려.
【饒延年】 남송 학자.
【饒魯】 남송말 학자.
【饒天明】 명대 御史.
【饒禮】 명대 河南左布政使.

384
空(Kōng): 공

> 원류

① 자성子姓에서 기원

두 갈래로 나눌 수 있다.
첫째, 商(子姓)나라 시조인 설(契)의 후손이 空同國(지금의 甘肅 平涼市)을 봉지로 받아, 나라 이름을 취하여 공동씨라 하였다. 空同은 산 이름으로 空桐山으로도 쓰며, 이 지명에서 空자를 취하여 성씨로 삼은 것이다.
둘째, 서주 초기 宋(子姓)나라를 세운 微子啓의 후손으로 空相氏라는 씨족 이름을 가진 집단이 있었다. 이들이 空자를 성씨로 삼았던 것이다.

② 이씨伊氏에서 기원

商나라 초기 伊尹이 空桑(지금의 河南 開封市 동남 陳留鎭)에서 태어나 그 후손들이 空桑氏라 하였다가 그 중 空자를 취하여 성씨로 삼은 것이다.

군망(郡望) : 頓丘郡.

역사상 주요 인물

【空相機】춘추 晉 대부.

사도 설(契)

385
曾(zēng): 증

중국 50大姓의 하나. 600여만 명(현재 중국 전체 인구의 약 0.5%). 주로 四川, 湖南, 江西, 廣東 등지에 분포함.

원류

① 사성姒姓에서 기원

夏(姒姓)나라 중엽 夏王 少康이 그 막내아들 曲列을 繒(지금의 하남 方城縣 서북 繒邱)에 봉하여 繒子國이라 불렀다. 고대 繒, 鄫은 통용하여 鄫子國이라고도 불렀으며, 상나라 초기 이 증나라는 북쪽(지금의 河南 新鄭市와 新密市 중간)으로 옮겨갔다가, 상나라 말기 다시 동쪽(지금의 河南 柘城縣과 安徽 亳州市 사이의 層邱, 繒邱)으로 옮겨갔다. 다시 서주 초 증자국은 지금의 山東 蒼山縣 서북으로 옮겼다가 춘추 후기 결국 거(莒)나라에게 망하고 말았다. 이에 증자국 군주의 아들 巫가 魯나라로 망명하여 卿士의 벼슬을 하게 되었으며, 그 후손이 옛 나라 이름을 성씨로 삼아 繒, 鄫이라 하였다가 '糸'와 '阝'을 제하고 '曾'자를 성씨로 표기하였다.

② 희성姬姓에서 기원

서주 초 周 穆王이 남쪽 江淮를 정벌하고 나서 동성(姬姓)의 여러 나라들을 漢水 남쪽으로 옮기면서, 그 와중에 목왕의 서손 지손 중 하나가 옛 繒國이었던 繒邱(지금의 河南 方城縣 북쪽)를 옮겨 曾侯로 불리게 되었다. 춘추시대 楚나라가 강해지면서 증나라는 초나라 부용국이 되었다가, 세력에

눌려 동쪽 西陽(지금의 河南 光山縣 서남)으로 밀려났다. 다시 전국시대 서쪽으로 이동하여 옛 隨國(지금의 湖北 隨州市) 땅으로 이주하였다가 결국 초나라에게 망하고 말았다. 이에 그 유민들이 나라 이름을 성씨로 삼은 것이다.

군망(郡望) : 天水·魯郡.

역사상 주요 인물

【曾參】 춘추 魯 현인, 공자 제자.
【曾公亮】 북송 재상.
【曾鞏】 북송 문학자, 당송팔대가의 하나.
【曾布】 북송 재상.
【曾幾】 남송 시인.
【曾鯨】 명대 화가.
【曾銑】 명대 장수.
【曾靜】 청대 학자.
【曾國藩】 청말 대신, 湘軍首領.
【曾國荃】 청말 湘軍名將.
【曾紀澤】 청말 외교관.

曾子《三才圖會》

386
毋(wú): 무

> 毋 주로 陝西 등지에 분포함.

(원류)

① 인명에서 기원

고대 堯임금의 신하 중에 '毋句'라는 자가 있었으며, 그 후손이 이를 성씨로 삼은 것이다.

② 전성田姓에서 기원

전국시대 齊 宣王 田辟疆이 그 아우를 毋丘(지금의 山東 曹縣 남쪽)에 봉하면서, 그 조상 胡公滿의 제사를 받들도록 명하고 아울러 胡毋氏라는 성을 내렸다. 이에 그 후손이 胡毋, 毋丘, 毋 등 세 성씨로 분화되었다가 뒤에 胡毋, 毋丘도 역시 '毋'자 한 글자를 성으로 하였다.

③ 複姓의 개성

고대 毋鹽, 毋車, 毋將, 毋樓, 毋終, 毋知 등 복성이 '毋'자로 줄여 개성하였다. 毋鹽氏는 無鹽氏와 같다. 齊나라 無鹽邑(지금의 山東 東平縣 동쪽)에 대부를 지냈던 사람의 후손이며, 毋車氏는 집안에 수레도 없이 살던 자의 후손이다. 그리고 毋樓氏는 거(莒)나라 공자로써 無樓라는 곳에 봉지를 받아 땅 이름을 성씨로 삼았던 씨족이며, 毋將氏는 "人臣無將, 將則必誅"라는 말에서 따온 성씨라 한다. 이들 복성의 성씨들이 모두 毋씨로 글자를 줄였다.

군망(郡望) : 鉅鹿·河東郡.

역사상 주요 인물

【毋雅】 동진 夜郞太守.
【毋煚】 당대 학자.
【毋昭裔·毋守素】 五代 後蜀 대신.
【毋制機】 남송말 학자.
【毋祥】 명초 太僕寺卿.

387
沙(shā): 사

 주로 遼寧, 上海, 江西, 陝西 등지에 분포함.

[원류]

① 숙사씨夙沙氏에서 기원

炎帝 神農氏 때 신하로써 夙沙氏가 있었으며, 그 후손이 그 중 '沙'자를 취하여 성씨로 삼은 것이다.

② 자성子姓에서 기원

西周 초 商(子姓)나라 紂王의 서형 微子 啓가 宋나라에 봉해져, 그 후손 중에 沙邑(지금의 河南 寧陵縣)에 봉해진 자가 있었다. 그 후손이 그 봉읍을 성씨로 삼은 것이다.

③ 사수씨沙隨氏에서 기원

주나라 때 沙隨氏가 있어 公爵의 작위였으며, 나라를 잃은 뒤 公沙氏, 혹은 沙隨氏라 불렀는데 후손이 沙자를 성으로 삼은 것이다.

④ 외족의 개성

漢代 百濟의 八族 중에 沙氏가 있었으며, 그들이 중국으로 건너와 沙氏 성을 이어간 것이다.

군망(郡望) : 汝南·東莞郡.

역사상 주요 인물

【沙世堅】 북송 將官.
【沙良佐】 명초 新城知縣.
【沙玉】 명대 涉縣知縣.
【沙金】 명대 參將.
【沙張白】 청대 학자.

388
乜(Niè): 먀

 주로 北京, 陝西 등지에 분포함.

원류

① 이 乜자의 원음은 《集韻》에 '母野切'로 '먀'이다. 그러나 중국음으로는 'Niè'로 읽으며 이민족의 언어가 그대로 들어온 것으로 보인다. 《契丹國志》에 '乜克里人'이 보이며, 이들은 天山山脈 동북쪽에 살던 소수민족이었다.

② 희성姬姓에서 기원

춘추시대 衛(姬姓)나라 공족대부로 乜城을 식읍으로 받은 자가 있었다. 그 후손들이 그 봉읍을 성씨로 삼은 것이다.

③ 외족의 개성

北朝 後周 때 鮮卑族 宇文氏로 費乜頭라는 자가 乜姓을 사성으로 받아 그 후손이 그대로 사용한 것이다. 한편 明代 蒙古族 瓦刺部 수령 야선(也先)이 있었으며, 명나라 수도 北京을 공격하다가 패하여 명과 강화조약을 맺은 적이 있었다. 그 후손이 中原으로 들어와 산동에 옮겨 살면서 원래

也先이었던 이름을, 중국인이 먀션(乜先)으로 잘못 표기하자 이에 스스로 '乜'씨로 성을 삼았다.

군망(郡望) : 晉昌·趙郡.

역사상 주요 인물

【乜仁義】명대 명사.

389
養(Yǎng): 양

[원류]

⓪ 희성(姬姓)에 기원을 두고 있다. 춘추시대 吳(姬姓)나라 공자로써 掩餘와 燭庸이 있었는데, 이들이 楚나라로 도망하자 초왕이 그들에게 養邑(지금의 河南 沈丘縣 동남)을 채읍으로 주었다. 그 후손들이 그 봉읍을 성씨로 삼은 것이다.

[군망(郡望)] : 山陽郡.

[역사상 주요 인물]

【養由基】춘추 楚 대부.
【養奮】동한 학자.

390
鞠(Jū): 국

鞠 주로 遼寧, 四川 등지에 분포함.

원류

① 희성姬姓에서 기원

첫째는 주나라 시조 后稷(姬棄)의 지손 陶(姬陶)가 출생할 때, 손에 '鞠'이라는 무늬가 있어 이름을 鞠陶라 하였다. 이에 그 후손들이 鞠을 성으로 삼은 것이다.

둘째, 주나라 때 魯(姬姓)나라 개국 군주 伯禽(周公의 아들)의 후손 중에 국을 성씨로 삼고 백금을 시조로 삼은 자가 있었다.

② 미성羋姓에서 기원

춘추시대 楚(羋姓)나라 귀족으로 '鞠'을 성씨로 삼은 자가 있었다.

군망(郡望): 汝南·山陽郡.

[역사상 주요 인물]

【鞠武】전국 燕 太子丹의 太傅.
【鞠仲謀】북송 兵部員外郎.
【鞠詠】북송 殿中侍御史.
【鞠履厚】청대 篆刻家.

391
須(xū): 수

須 주로 上海, 江蘇 등지에 분포함.

원류

① 길성姞姓에서 기원

商나라 때 姞姓 제후로써 密須國(지금의 甘肅 靈臺縣 서쪽)이 있었다. 이 나라가 상말 周 文王에게 망하자, 그 유족이 密須氏라 하였다가 줄여 須씨가 되었다.

② 풍성風姓에서 기원

서주 초 周 武王이 太昊 伏羲氏의 후손을 찾아 須句國(지금의 山東 東平縣 서북)에 봉하여 '須句子'라 불렀다. 춘추시대 이 나라가 주(邾)나라에게 망하자, 그 군주가 魯나라로 도망하였다가 다시 나라를 되찾았다. 그러나 뒤에 다시 노나라에게 망하자, 유족이 須句氏라 하였다가 뒤에 須氏와 句氏 두 성씨로 나뉘었다.

③ 지명에서 기원

춘추시대 衛나라 지명에 須邑(지금의 河南 滑縣 동남)이 있었으며, 그곳 사람들이 지명을 성씨로 삼은 것이다.

군망(郡望) : 琅琊郡.

역사상 주요 인물

【須賈】 전국 燕 대부.
【須無】 서한초 陸量侯.
【須之彦】 명대 尙寶司少卿.
【須用綸】 명말 靑州府司理.

392
豐(Fēng): 풍

豐　주로 廣東, 遼寧, 四川, 上海 등지에 분포함.

원류

① 희성姬姓에서 기원

다시 두 지파로 나눌 수 있다.

하나는 周(姬姓) 文王의 아들이 酆(지금의 陝西 戶縣 동쪽)에 봉을 받아 酆侯라 불렀는데, 그 지손들이 봉읍을 성으로 삼아 '酆'으로 부르다가 뒤에 'ß'방을 제하고 '豐'으로 하였다.

다음으로 춘추시대 鄭(姬姓) 穆公의 아들 豐이 있어 그를 '公子豐'으로 불렀다. 그 자손들이 조상의 이름을 취하여 豐으로 한 것이다.

② 인명에서 기원

옛날 高辛氏 때 풍후저(豐侯且)가 있었고, 춘추 시대 魯나라에 豐丘가 있었다. 그 후손들이 각각 자신들의 조상 이름을 성으로 삼은 것이다.

군망(郡望) : 松陽郡.

역사상 주요 인물

【豐施】춘추 鄭 대부.
【豐稷】북송 樞密直學士.
【豐有俊】남송 知鎭江府.
【豐存芳】남송말 平州通判.
【豐熙】명대 翰林學士.
【豐坊】명대 藏書家.

393
巢(cháo) : 소

巢 주로 浙江, 江蘇 등지에 분포함.

원류

① 유소씨有巢氏에서 기원

堯임금 때 대신으로 소보(巢父)가 있어, 항상 산 속에 은거하되 나무에 둥지를 틀고 살아 有巢氏라 하였다. 禹임금 때 그 유소씨의 후예가 巢(지금의 安徽巢湖市)에 봉을 받아 夏, 殷, 周 삼대를 이어오다가 춘추시대 초나라에 망하고 말았다. 그 유민이 나라 이름을 성으로 삼은 것이다.

② 사성姒姓에서 기원

夏(姒姓)나라 말왕 桀이 湯의 공격을 받아 패하자, 南巢(지금의 安徽 巢湖)로 도망하였다. 그 자손에 그곳에 살면서 지명을 성으로 삼은 것이다.

군망(郡望) : 彭城·魯郡.

역사상 주요 인물

【巢堪】동한 司空.
【巢猗】隋 학자.
【巢元方】수 名醫.
【巢谷】북송 義士.
【巢鳴盛】청초 효자.

394
關(Guān): 관

關　주로 河南에 가장 집중적으로 분포함.

[원류]

① 동성董姓에서 기원

顓頊 高陽氏의 후예로서 董姓의 逢龍(逢龍)이 夏나라 말 대신이 되어 關邑(지금의 湖北 欒城縣)에 봉을 받아 關龍逢이라 불렸다. 하나라 말기 桀王이 무도하게 굴자, 관룡방이 자주 간언을 하다가 죽임을 당하였다. 이에 그 후손이 關자를 성으로 삼은 것이다.

② 함곡관函谷關 지명에서 기원

춘추시대 老子 李耳가 은거하고자 函谷關에 이르러, 關尹(관문을 수비하는 책임자) 喜의 부탁으로 《道德經》 5천 자를 써 주었다고 한다. 전해지기로 그 關尹喜도 나중에 노자를 따라 신선이 되어 사라졌으며, 그 후손이 이에 그 關자를 성씨로 삼았다고 한다.

③ 외족의 개성

淸代 滿洲族 八旗의 關佳氏·卦爾察氏·瑚錫哈哩氏·瓜爾佳氏 등이 모두 關씨로 성을 바꾸었다. 한편 어룬춘족(鄂倫春族)의 古拉伊爾氏와

시버족(錫伯族)의 瓜爾佳氏 등 역시 한족식으로 關자를 성으로 삼았다.

군망(郡望) : 隴西·東海郡.

역사상 주요 인물

【關陽】 동한 長水校尉.
【關羽】 삼국 蜀漢 대장.
【關播】 당대 재상.
【關仝】 오대 後梁 화가.
【關景仁】 북송 시인, 서화가.
【關漢卿】 원대 희곡작가.
【關天培】 청말 水師提督.

尹喜《仙佛奇蹤》

395
蒯(Kuǎi): 괴

> 蒯 주로 上海, 江蘇 등지에 분포함.

원류

① 옛 괴국蒯國에서 기원

商나라 때 괴국(지금의 河南 洛陽市 서남 蒯鄕)이 있었으며, 그 나라 유민이 나라가 망한 뒤 나라 이름을 성으로 삼은 것이다.

② 지명에서 기원

춘추시대 晉나라 대부로써 蒯邑에 봉을 받은 자가 있어, 그 후손이 그 봉지를 성씨로 삼은 것이다.

③ 희성姬姓에서 기원

춘추시대 衛(姬姓) 莊公 괴외(蒯聵)가 태자였을 때 衛 靈公의 부인 南子를 죽이려 하였으나 실패하자, 晉나라로 도망하였다가 뒤에 귀국하여 왕위에 올랐으나 晉나라에게 원한을 산 일이 있어 결국 진나라 공격을 받아 죽고 말았다. 그 후대들이 조상의 이름을 취하여 '蒯'를 성씨로 한 것이다.

군망(郡望): 襄陽郡.

역사상 주요 인물

【蒯通】서한초 명사.
【蒯越】동한말 光祿勳.
【蒯良】동한말 劉表의 책사.
【蒯恩】남조 宋 輔國將軍.
【蒯鼇】북송초 茶陵令.
【蒯祥】명대 巧匠.
【蒯光典】청대 학자.

396
相(Xiāng): 상

相 주로 遼寧, 北京, 陝西, 四川 등지에 분포함.

[원류]

① 사성姒姓에서 기원

夏(姒姓)나라 때 夏王 帝相의 지손 서자가 조상의 이름을 성으로 삼은 것으로 巴郡에 望族을 이루고 있다.

② 자성子姓에서 기원

商(子姓)나라 때 商王 夏亶甲이 相(지금의 河南 安陽市 서쪽)으로 천도한 뒤 다시 다른 곳으로 천도하자, 그곳에 남아 있던 지손과 서손들이 원래의 지명을 그대로 사용하여 상씨로 한 것이다. 이 성씨의 발음은 'Xiàng'으로 읽으며 주로 西河에 망족을 이루고 있다.

[군망(郡望)]: 西河·巴郡.

역사상 주요 인물

【相雲】十六國 後秦 시인.
【相願】북조 齊 蘭陵王尉.
【相禮】명초 화가.
【相世芳】명대 刑部郎中.

397
査(zhā): 사

 주로 江蘇, 上海, 陝西 등지에 분포함.

[원류]

① 강성姜姓에서 기원

춘추시대 齊(姜姓) 頃公의 서자가 楂邑에 봉을 받은 자가 있었는데, 그 후손이 그 지명을 성씨로 하였다. 고대 '楂'와 '査'는 통용자로 뒤에 '木'부를 제외하고 표기하게 된 것이다.

② 미성羋姓에서 기원

춘추시대 楚(羋姓)나라 공족 대부로써 사읍(柤邑. 지금의 湖北 南漳縣)에 봉을 받은 자가 있어, 그 후손이 봉지를 성으로 삼은 것이다. 고대 '柤'자는 '楂', '査'와 같아 '査'자로 표기를 정한 것이다.

③ 외족의 개성

청대 滿洲族 八旗 沙拉氏는 뒤에 성을 바꾸면서 '査'자를 택하여 성씨로 삼았다.

군망(郡望): 齊郡・海陵郡.

역사상 주요 인물

【查文徽】 오대 南唐 대신.
【查道】 북송 龍圖閣待制.
【查居廣】 원대 시인.
【查鼐】 명대 樂師.
【查繼佐】 청초 학자.
【查愼行】 청초 시인.
【查士標・查昇】 청대 서예가.

398
後(Hòu): 후

後 주로 河南, 河北에 분포함.

원류

① 太昊 伏羲氏에서 유래되었다. 전하기로 복희씨의 후손 중에 이름이 後照라는 자가 있었는데, 그 후대 자손들의 조상의 이름을 성으로 삼은 것이다. 明淸 시기에 河北과 河南 開封 등지에 비교적 이 성씨가 많았다고 한다.

② 後姓과 后姓은 같은 성씨가 아니며 그 원류가 다르다.

군망(郡望) : 東海郡.

역사상 주요 인물

【後錦】당대 명사.
【後敏】명대 陝西布政司參議.

【後禮】 청대 화가.
【後棋】 청대 서예가.

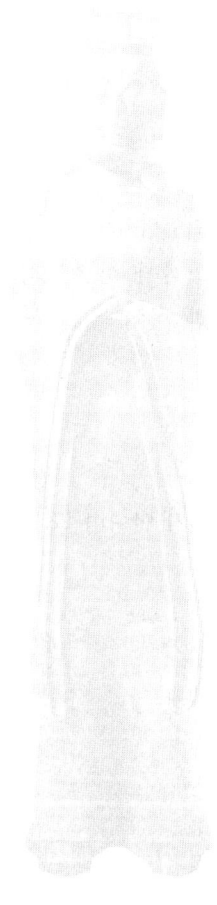

399
荊(Jīng): 형

荊　주로 河南에 분포함.

원류

① 미성芈姓에서 기원

그 하나는 서주 초 楚(芈姓)나라 선군 熊繹이 荊山(지금의 湖北 南漳縣)에 봉해져 荊나라를 세웠으며, 춘추 초에 국호를 楚로 바꾸었다. 그러나 국호가 형나라였을 때의 지손 서손이 나라 이름을 성으로 삼아 荊씨가 된 것이다.
다음으로 전국시대 후기 미성의 초씨 한 지파가, 秦나라에 거하면서 秦 莊襄王(秦始皇의 아버지)의 이름 子楚를 피휘하여 원래 나라 이름이었던 荊으로 성을 바꾼 것이다.

② 경성慶姓에서 기원

춘추시대 齊나라 慶氏의 후예가 衛나라에 살면서, 그 후대가 慶자를 발음이 비슷한 荊씨로 바꾸었다.

군망(郡望) : 廣陵郡.

역사상 주요 인물

【荊軻】 전국 협사.
【荊浩】 오대 後梁 화가.
【荊罕儒】 북송초 명장.
【荊謝】 명대 학자.
【荊道乾】 청대 安徽巡撫.

〈荊軻〉

400
紅(Hóng): 홍

紅 주로 山西 지역에 분포함.

원류

① 미성芈姓에서 기원

춘추시대 楚(芈姓)나라 공족으로 熊摯는 자가 紅이었으며 鄂王에 봉해졌다. 기 지손의 서손들이 조상의 자를 성으로 삼은 것이다.

② 유성劉姓에서 기원

서한 초 漢 高祖(劉邦)의 아들 楚元王 劉交의 아들 이름이 富(劉富)로써 休侯에 봉해졌으며, 뒤에 紅(지금의 江蘇 蕭縣 서남) 땅에 봉해져 紅富侯로 불렸다. 그 적계의 증손이 아들이 없어 나라가 폐지되자, 그 지손 서자가 紅을 성으로 삼은 것이다.

군망(郡望) : 平昌郡.

[역사상 주요 인물]

【紅尙朱】명대 鄖西縣丞.

401
游(Yóu): 유

 주로 貴州, 四川, 湖北 등지에 분포함.

[원류]

ⓞ 희성(姬姓)에서 유래되었다. 춘추시대 鄭(姬姓)나라 穆公의 아들 偃은 자가 子游로써 아들을 낳아 吉이라 하였고, 그의 자는 太叔이었으며 흔히 游吉이라 불렀다. 그 支孫의 후손이 조부의 자를 성으로 삼은 것이다.

[군망(郡望)] : 廣平郡.

[역사상 주요 인물]

【游子遠】 十六國 車騎大將軍.
【游雅】 북조 後魏 東雍州刺史.
【游根遠】 북조 後魏 儀部尙書.
【游酢】 북송말 학자.
【游似】 남송 재상.
【游明】 명대 按察僉事.

402
竺(zhú): 축

> 竺 주로 浙江 지역에 집중적으로 분포함.

원류

① 죽성竹姓에서 기원

商周시대 孤竹國의 왕자 伯夷와 叔齊가 나라를 양보하고 周나라에 이르렀다가 首陽山에 숨어들었다. 그 후손이 고죽국의 '竹'자를 성씨로 삼아 이어오다가, 西漢 宣帝 때 樅陽侯 竹晏이 원수를 피하고자 성을 竺으로 바꾸어 竺氏의 시조가 되었다.

② 외족의 개성

동한 이후 불교의 전래와 더불어 天竺國(지금의 인도) 승려들이 중국에 들어와 살면서, 스스로 나라 이름을 성으로 삼아 竺씨가 생겨났다. 아울러 중국인으로써 천축국에 求法을 다녀온 승려들이 역시 竺씨를 성씨로 삼은 자들도 있었다.

군망(郡望) : 東海郡.

역사상 주요 인물

【竺法蘭】동한 명승.

【竺法深·竺法慧·竺道潛】晉朝 명승.

【竺道生】남조 宋 명승.

【竺大年】송대 학자.

【竺淵】명대 福建參議.

伯夷《三才圖會》

403
權(Quán): 권

權 주로 陝西 등지에 분포함.

원류

① 자성子姓에서 기원

商나라 때 商王 武丁의 후예로서 權(지금의 湖北 當陽市 동남) 땅에 봉을 받은 자가 있었다. 춘추시대 그 권나라가 楚 武王에게 망하자 那(지금의 湖北 荊門市)로 옮겨 살았다. 그 那국이 다시 巴國에게 망하자, 그 유민들이 원래의 나라 이름을 성씨로 삼은 것이다.

② 미성芈姓에서 기원

춘추시대 楚(芈姓) 武王이 권나라를 깨뜨리고, 그곳에 權縣을 두어 공족 대신 若敖의 후손 鬪緡을 봉하여 縣尹(縣令)으로 삼았다. 그런데 투민이 반란을 꾀하다가 죽음을 당하고 그 직위가 박탈되자, 자손이 권씨를 성으로 삼은 것이다.

군망(郡望): 天水郡.

역사상 주요 인물

【權翼】十六國 前秦 대신.
【權景宣】北朝 周 荊州刺史.
【權皐】당대 監察御使.
【權德興】당대 승상, 시인.
【權懷恩】당대 명신.
【權邦彦】남송초 명신.

404
逯(Lù): 록

 주로 遼寧省에 집중적으로 분포함.

원류

① 영성嬴姓에서 분화

춘추시대 秦(嬴姓)나라 공족대부 중에 逯邑(지금의 陝西省 경내)에 봉을 받은 자가 있어, 그 후손들이 그 봉읍을 성씨로 삼은 것이다.

② 미성羋姓에서 기원

춘추시대 楚(羋姓) 공족 후예 중에 有逯氏가 있었으며, 그 후손들이 이를 성씨로 삼은 것이다.

군망(郡望): 廣平郡.

역사상 주요 인물

【逯式】삼국 魏 江夏太守.
【逯魯曾】원대 淮南宣慰使.
【逯宏】명초 武進敎諭.
【逯中立】명대 給事中.
【逯相】명대 효자.

405
蓋(Gài): 개

蓋 주로 遼寧, 山東 등지에 집중적으로 분포함.

원류

① 강성姜姓에서 기원

춘추시대 齊(姜姓)나라 공족대부 중 王歡이 蓋邑(지금의 山東 沂水縣 서북)에 봉을 받아 그 자손들이 봉지를 성으로 삼은 것이다.

② 외족의 개성

北朝 後魏 때 複姓으로 蓋樓氏(蓋婁氏)가 있었는데, 이들이 글자를 줄여 '蓋氏'로 하였다.

군망(郡望): 汝南郡.

역사상 주요 인물

【蓋公】 서한초 학자.
【蓋寬饒】 서한 명신.
【蓋延】 동한초 安平侯.
【蓋文達, 蓋文懿】 당초 학자.
【蓋寓】 오대 後唐 成陽郡公.
【蓋方泌】 청대 臺灣知府.

406
益(Yi): 익

 주로 陝西 등지에 분포함.

(원류)

① 영성嬴姓에서 기원

전욱(顓頊) 고양씨(高陽氏)의 후예로 伯益이 있었는데, 공을 세워 嬴姓을 하사받았다. 백익의 지손 서손이 본성 嬴과 달리 조상의 이름을 성으로 하여 익씨로 한 것이다.

② 지명에서 기원

고대 山東 益都縣(지금의 山東 青州市)에 살던 사람들이 익을 성으로 삼았다. 한편 漢代 四川 廣漢이 益州(지금의 四川 成都市)에 속했었는데, 그곳 주민들이 역시 관할 지역의 益자를 취하여 성으로 삼은 것이다.

(군망(郡望)) : 馮翊郡.

[역사상 주요 인물]

【盎暢】 남송초 진사.

407
桓(Huán): 환

桓 주로 河南 등지에 분포함.

(원류)

① 인명에서 기원

黃帝 軒轅氏의 신하로 桓常이 있었으며, 그 후손이 그 이름을 성으로 삼은 것이다.

② 시호에서 기원

춘추시대 五霸의 하나인 齊 桓公은 이름 小白이며, 그 지손 서손이 조상의 시호인 桓을 성씨로 삼은 것이다. 한편 宋 桓公의 손자 桓魋(向魋)가 자신 조부의 시호 환을 취하여 환퇴라 불렀으며, 그 후손이 이를 성씨로 삼았다. 그리고 晉(姬姓)나라, 杞(姒姓), 曹나라 역시 시호가 '桓'인 임금이 있어 그 후인들이 桓자를 성씨로 삼아 비교적 원류가 여러 갈래이다.

③ 외족의 개성

北朝 後魏의 烏丸氏(烏桓氏), 阿鹿桓氏 등이 뒤에 모두 한족식 성씨인 桓씨로 성을 정하였다.

군망(郡望) : 譙郡.

역사상 주요 인물

【桓寬】 서한 廬江太守丞.
【桓榮】 동한초 학자.
【桓譚】 동한 학자.
【桓景】 동한 명사.
【桓伊】 동진 명장.
【桓溫】 동진 대장.
【桓康】 남조 齊 驍騎將軍.

408
公(Gōng): 공

 주로 遼寧, 福建, 浙江 등지에 분포함.

[원 류]

① 희성姬姓에서 기원

　公劉는 周 왕실의 선조 중의 하나였으며, 그 지손 서손이 조상의 이름을 성씨로 삼아 공씨가 되었다. 한편 周나라 때 魯 昭公이 왕위를 아우 定公에게 물려주자, 정공은 자신의 조카(소공의 두 아들) 衍과 爲에게 公爵 지위를 주어 公衍, 公爲로 불렀다. 뒤에 그 후손이 公자를 성씨로 삼은 것이다.

② 복성에서 단성으로

　先秦시대 '公'자를 쓴 복성이 매우 많았다. 魯(姬姓)나라의 公山, 公之, 공보(公父), 公冉, 公務, 公甲, 公石, 公羊, 公西, 公何, 公治, 公巫, 公宣, 公若, 公林, 公堅, 公肩, 公思, 公施, 公夏, 公祖, 公索, 公爲, 公華, 公愼, 公鉏, 公賓, 公儀, 公輸, 公斂, 公襄 등이 있었고, 衛(姬姓)나라의 公上, 公叔, 公孟, 公析, 公南, 公荊 등이 있었다. 그리고 晉(姬姓)나라에 公仇, 公行, 公成, 公師, 公族 등이 있었으며, 鄭(姬姓)나라에 公文, 公德 등이 있었다. 滕(姬姓)나라에는 公丘, 韓(姬姓)나라에는 公仲, 齊(姜姓)나라에는 公牛, 公玉, 公牽, 公幹, 公旗 등이 있었으며, 秦(嬴姓)의 公車, 公金, 公乘 등이 있었다. 그리고

楚(羋姓)나라의 公房, 公都, 公建 등이 있었으며, 宋(子姓)나라에 公朱, 陳(嬀姓)나라의 公良 등이 있었다. 이들 복성은 대부분 '公'한 글자의 성씨에 융입되었으며, 지금 복성 그대로 쓰이는 성씨는 거의 남아 있지 않다.

군망(郡望) : 松陽縣.

역사상 주요 인물

【公勉仁】 명대 太僕卿.
【公鼎】 명대 禮部侍郎.
【公家臣】 명대 編修.

409
万俟(Mòqi): 묵기

万俟

원류

⊙ 선비족(鮮卑族) 탁발씨(拓跋氏)에서 유래되었다. 북조 선비족 탁발씨가 後魏를 건립하고 나서 세력을 확장하고 왕족 10部의 명칭이 10대 姓이 되었다. 그 중에 後魏 獻文帝 拓跋弘의 셋째 아우의 후손이 바로 이 万俟氏가 된 것이다. 한편 '万'은 《集韻》에 '密北切'로 음이 '묵'이며, '俟'는 역시 《집운》에 '牀史切'(사) 외에 성씨일 경우 '渠之切'로 '기'로 읽는다.

군망(郡望): 蘭陵郡.

역사상 주요 인물

【万俟普】북조 齊 朔州刺史.
【万俟洛】북조 齊 建昌郡公.
【万俟雅言】북송 詞人.
【万俟湜】북송 護州知州.

410
司馬(Sīmǎ): 사마

司馬 주로 山西, 河南 등지에 많이 분포함.

원류

◎ 관직 명칭에서 유래되었다. 고대 토지를 담당하던 重黎가 있었는데, 그 후손 程伯休父가 西周 宣王 때 司馬(말을 관장하는 직책)의 직책을 받아 徐方과의 전투에 공을 세워 승리한 뒤 '司馬'를 성씨로 하사받은 것이다.

군망(郡望): 河內郡.

역사상 주요 인물

【司馬錯】전국 秦 將領.
【司馬遷】서한 사학자, 문학가.
【司馬相如】서한 문학가.
【司馬徽】동한말 명사.
【司馬懿·司馬昭】부자 모두 삼국 魏 대신.
【司馬炎】西晉 武帝.

司馬遷

【司馬子微】당대 도사.
【司馬光】북송 대신, 사학자.

司馬光(1019~1086)

411
上官(shàngguān): 상관

上官 주로 浙江, 江西, 湖北, 河北, 北京 등지에 자주 보임.

원류

⓪ 미성(羋姓)에서 유래되었다. 춘추시대 楚(羋姓) 莊王의 막내아들 子蘭이 上官(지금의 河南 滑縣)의 대부가 되었다. 그 지손의 서자가 이에 그 '상관'을 성으로 삼은 것이다. 秦始皇이 六國을 통일한 뒤 楚나라 공족대부들을 關中으로 강제 이주시킬 때 역시 이 上官의 성씨가 있었다.

군망(郡望): 天水郡.

역사상 주요 인물

【上官桀】 서한 左將軍.
【上官儀】 당대 西臺侍郎.
【上官婉兒】 당대 才女.
【上官正】 북송 左龍武大將軍.
【上官均】 북송 給事中.
【上官謐】 남송 永州推官, 朱熹 제자.
【上官喜】 명대 서화가.

412
歐陽(Ōuyáng)：구양

歐陽 주로 廣東, 湖南 등지에 집중되어 있으며, 당시 가장 영향력이 컸던 望族이었음.

[원류]

⓪ 사성(姒姓)에서 유래되었다. 夏(姒姓)나라 때 少康의 서자가 會稽(지금의 浙江 紹興)에 봉을 받아 越나라를 세웠다. 전국 초 越王 無疆 때 월나라가 楚나라에게 망하고 그 아들 蹄가 烏程(지금의 浙江 湖州市) 歐餘山 남쪽 땅에 봉해졌다. 고대 山의 남쪽을 '陽'이라 하여 그 때문에 歐陽亭侯라 칭해졌으며, 그 후손들이 그 봉지를 성으로 삼은 것이다. 뒤에 역시 이를 줄여 歐氏로도 불렸다.

[군망(郡望)] : 渤海郡.

[역사상 주요 인물]

【歐陽生】 서한초 학자.
【歐陽建】 서진 馮翊太守.
【歐陽詢】 당초 서예가.
【歐陽迥】 오대 후촉 사인.

【歐陽修】 북송 명신, 문학가, 당송팔대가의 하나.

【歐陽守道】 남송말 학자.

【歐陽玄】 원대 翰林學士承旨.

歐陽修(永叔)《農書》

413
夏侯(Xiàhóu): 하후

(원류)

① 사성(姒姓)에서 유래되었다. 서주 초 夏(姒姓)나라 후예 중에 東樓公이 杞(지금의 河南 杞縣)에 봉을 받았다. 전국 초에 이르러 이 杞國이 楚나라에게 망하자, 杞 簡公의 아우 佗가 魯나라로 도망하여 魯 悼公이 그를 侯로 봉하였다. 그리하여 이를 '夏侯'라 불렀는데, 그 후손들이 이 '하후'를 성으로 삼은 것이며 일부 지파는 줄여서 '夏氏'로 하였다.

(군망(郡望)) : 譙郡.

(역사상 주요 인물)

【夏侯嬰】 서한초 명장.
【夏侯始昌·夏侯勝】 서한 학자.
【夏侯惇·夏侯淵】 삼국 魏 대장.
【夏侯玄】 삼국시대 魏 大鴻臚.
【夏侯湛】 서진 散騎常侍.

【夏侯審】당대 시인.
【夏侯嶠】북송초 명신.

414
諸葛(zhūgě): 제갈

諸葛 주로 浙江 등지에 분포함.

[원류]

① 고대 갈국葛國에서 기원

商周시대 伯夷의 후예로 葛伯이 있었다. 그 封國이 망한 뒤 한 지파가 諸縣(지금의 山東 諸城縣 서남)으로 옮겼다가 다시 陽都(지금의 山東 沂南縣 남쪽)로 옮겨 살아, 當地의 葛姓과 구별하고자 諸葛이라 하였다.

② 갈성葛姓에서 기원

진한 사이 陳勝의 휘하 장수였던 葛嬰이 무고하게 죽음을 당하자, 서한 초 漢 文帝가 그 공을 추서하여 갈영의 후손 갈봉(葛丰)을 諸縣에 봉하여 諸縣侯로 삼아 주었다. 이에 그 후손이 지명 諸와 성씨 葛을 합하여 諸葛이라 하였다.

③ 첨갈씨詹葛氏에서 기원

齊나라에 有熊氏의 후손 詹葛氏가 있었다. '詹'자를 제나라 방언으로 '諸'처럼 읽어 詹葛氏가 諸葛氏가 된 것이다.

군망(郡望) : 琅琊郡.

역사상 주요 인물

【諸葛豐】서한 司隸校尉.
【諸葛亮】삼국 蜀漢 승상.
【諸葛瞻】삼국 촉한 都護衛將軍.
【諸葛瑾】삼국 東吳 大將軍.
【諸葛誕】삼국 魏 征東將軍.
【諸葛恢】동진 侍中.
【諸葛璩】남조 梁 학자.
【諸葛高】북송 制筆高手.
【諸葛平】명초 應山知縣.

諸葛亮

415
聞人(Wénrén): 문인

聞人

(원류)

ⓞ 소정씨(少正氏)에 기원을 두고 있다. 춘추시대 魯나라 대부 少正卯가 공자와 같은 시기에 학생들을 모아 강학하고 있었는데, 그 명성이 대단하여 당시 사람들이 널리 소문이 난 사람, 즉 '聞人'이라 칭하였다. 뒤에 공자가 노나라 大司寇가 되어 소정묘를 '危言亂政'의 죄목을 씌어 처단하자, 그 자손들이 이 '聞人'을 성을 삼은 것이다. 아울러 줄여서 '聞氏'로 한 자도 있다.

(군망(郡望)): 河南郡.

(역사상 주요 인물)

【聞人通漢】 서한 학자.
【聞人宏】 북송 常州通判.
【聞人滋】 남송 학자.
【聞人夢吉】 원대 학자.

【聞人詮】명대 湖廣副使.
【聞人益】명대 화가.

416
東方(Dōngfāng): 동방

東方

원류

① 伏羲氏에서 기원

상고시대 太昊 伏羲氏의 후예 羲仲이 있었는데, 태호 복희씨가 八卦 중에 震(東方)에서 나왔다 하여 東方을 지키는 임무인 靑陽之令을 그에게 맡겼다. 그 자손이 이에 동방을 성씨로 삼게 되었다. 일설에는 동방씨는 女媧氏에게서 나왔다고도 한다.

② 외성의 개성

西漢의 東方朔은《漢書》등 문헌에 의하면 그 아버지가 張氏이며 어머니는 田氏라 하였다. 아침 새벽에 그를 낳아 東方이라 성씨를 삼았다고 한다. 그러나《論衡》에는 東方朔은 본래 金氏였는데 東方으로 성을 바꾼 것이라 하였다.

군망(郡望) : 平原郡.

역사상 주요 인물

【東方朔】서한 문학가, 大中大夫.
【東方顥】당대 학사.
【東方虬】당대 시인.

東方朔《三才圖會》

417
赫連(Hèlián): 혁련

赫連

원류

① 흉노족에서 기원

　　서한 때 남흉노의 선우(單于)가 한실의 황녀를 취하여 아내로 삼자, 그 자손들이 어머니의 성씨(劉)를 성으로 삼았다. 그런데 西晉 때 이르러 劉虎가 그 성씨를 鐵弗氏로 바꾸었으며, 東晉 때 이르러 그 손자 勃勃(赫連勃勃)이 나라를 세워 대하천왕이라 하고 자칭 帝王顯赫이라 하여 하늘과 '連接하다'는 뜻이었는데, 이에 '赫'자와 '連'자를 취하여 赫連氏라 한 것이다.

② 隋唐 시기에 토욕혼(吐谷渾)족에 역시 赫連氏가 있었다.

군망(郡望): 渤海郡.

역사상 주요 인물

【赫連勃勃】十六國 大夏天王.
【赫連子悅】北朝 齊 都官尙書.
【赫連達】北朝 周 夏州總管.
【赫連韜】당대 명사.
【赫連鐸】당말 吐谷渾 酋長.

418
皇甫(Huángfǔ): 황보

皇甫

원류

① 인명에서 기원

西周 때 周 幽王의 太師 이름이 皇甫였다. 그 후손들이 조상의 이름을 성으로 삼은 것이다.

② 子姓에서 기원

춘추시대 宋(子姓) 戴公의 아들 充石이 있어 자가 황보(皇父)였는데, 그 후손의 支孫들이 조상의 字를 성으로 삼았으며, 西漢 때 皇父鸞이 무리를 이끌고 魯나라 땅에서 陝西 茂陵으로 옮기면서 '父'자를 '甫'자로 바꾸어 같은 표기가 된 것이다.

군망(郡望) : 京兆郡.

역사상 주요 인물

【皇甫規】동한 弘農太守.
【皇甫嵩】동한말 太尉.
【皇甫謐】서진 학자. 《高士傳》저술.
【皇甫冉】당대 狀元.
【皇甫湜】당대 工部郎中.
【皇甫無逸】당대 吏部尙書.
【皇甫坦】남송초 명의.

419
尉遲(Yùchí): 울지

尉遲

원류

① 우전국于闐國에서 기원

漢代 西域 우전국의 귀족 중에 尉遲氏가 있었으며, 이들이 중국에 귀화한 성이다.

② 선비족鮮卑族에서 기원

北朝 後魏 때 선비족의 尉遲部와 拓跋部가 함께 흥기할 때, 魏 孝文帝를 따라 중원으로 들어온 일부가 尉遲氏를 그대로 사용한 성이다. 우리음으로는 '울지'로 읽는다.

군망(郡望): 太原郡.

역사상 주요 인물

【尉遲迥·尉遲綱】 형제 모두 北朝 周 대장.
【尉遲敬德】 당초 대장.
【尉遲乙僧】 당대 화가.
【尉遲勝】 당대 驃騎大將軍, 于寶國王.
【尉遲德誠】 원대 遼東廉訪使.

尉遲敬德(尉遲恭)《三才圖會》

420
公羊(Gōngyáng): 공양

원류

ⓞ 희성(姬姓)에서 유래되었다. 춘추 魯(姬姓)나라에 公孫羊孺라는 자가 있어 자못 才學이 뛰어났다. 그 후손이 그 선조의 성명 중에 두 글자를 취하여 성으로 삼은 것이다.

군망(郡望) : 頓丘郡.

역사상 주요 인물

【公羊高】전국 魯나라 학자, 공자 제자 子夏의 제자.
【公羊壽】서한 학자.

421
澹臺(Dàntái): 담대

澹臺

원류

⓪ 지명에서 유래되었다. 춘추시대 공자 제자로 이름이 滅明이 있었는데, 그 사는 곳이 澹臺山(지금의 山東 嘉祥縣 남쪽)이었다. 일설에는 멸명이 남쪽 장강 유역의 澹臺湖(지금의 江蘇 吳縣 동남)를 유람하다가 그 곳 호수 이름을 성씨로 삼았다고 한다. 뒤에 점차 글자를 줄여 臺氏로 표기하기도 하였다.

군망(郡望): 太原郡.

역사상 주요 인물

【澹臺滅明】춘추 魯나라 賢人, 孔子 제자.
【澹臺敬伯】동한 학자.

422
公冶(Gōngyě): 공야

[원류]

◎ 희성(姬姓)에서 유래되었다. 춘추시대 魯(姬姓)나라 季孫氏의 종족 중에 季冶(자는 公冶)가 있었다. 그 후손들이 그 자를 성으로 삼았으며, 뒤에 公氏로 줄여 사용하기도 하였다.

[군망(郡望)] : 魯郡.

[역사상 주요 인물]

【公冶長】춘추 魯 현인, 공자 제자.

423
宗政(zōngzhèng): 종정

원류

ⓞ 류성(劉姓)에서 유래되었다. 西漢 전기 楚元王(劉交)의 후손 劉德이 宗正 벼슬이었는데, 그 支孫의 서자가 이 관직 이름을 성으로 하여 '宗正氏'라 하였다가 正자를 政자로 고쳐 '宗政氏'가 되었다. 뒤에 다시 이 성을 줄여 '宗氏'로 하기도 하였다.

군망(郡望) : 彭城郡.

역사상 주요 인물

【宗政珍孫】북조 後魏 安西將軍.
【宗政辨】당대 少監.

424
濮陽(Ppúyáng): 복양

濮陽

[원류]

⓪ 지명에서 유래되었다. 춘추시대 鄭나라에 濮水의 북쪽(지금의 河南 濮陽市)에 살던 자가 있어 지명을 성씨로 삼은 것이다.

[군망(郡望)]: 博陵郡.

[역사상 주요 인물]

【濮陽興】삼국 東吳 승상.
【濮陽成】명초 武德將軍.
【濮陽淶】명대 학자.

425
淳于(Chúnyú): 순우

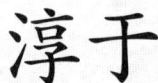

[원류]

ⓞ 강성(姜姓)에서 유래되었다. 西周 초 周 武王이 姜姓의 斟灌氏를 州(지금의 山東 安丘縣 동북)에 봉하여 州公이라 불렀다. 춘추시대에 이르러 이 州나라가 杞나라에게 망하자, 그 유민 중에 淳于城(지금의 山東 安丘, 원래 州나라의 도읍이었음)에 거하던 이들이 나라를 수복하여 淳于國이라 하였다. 뒤에 나라가 다시 망하자, 그 유민들이 나라 이름을 성으로 취한 것이다. 唐나라 때 '淳'자가 唐 憲宗 李純의 '純'과 발음이 같아 피휘하여 于姓으로 하였으며, 五代에 이르러 일부는 다시 淳于로 회복하였고, 그대로 于씨로 남은 이들도 있었다.

[군망(郡望)] : 河內郡.

[역사상 주요 인물]

【淳于髡】 전국 齊 명사.
【淳于越】 전국 齊 박사.

【淳于意】서한 명의.
【淳于恭】동한 侍中.
【淳于岐】十六國 後秦 학자.
【淳于量】남조 陳 車騎將軍.
【淳于誕】북조 後魏 梁州刺史.
【淳于朗】당초 재상.

426
單于(Chányú): 선우

원류

⓪ 匈奴族에서 유래되었다. 漢나라 때 흉노의 최고 수령을 "撐犁孤涂 單于"라 불렀는데, 흉노어로 '撐犁'는 '天', '孤涂'는 아들, 자손의 뜻이며, '單于'는 廣大함을 뜻하는 말이었다. 남북조 뒤에 흉노족이 점차 漢化되면서, 그 왕실의 자손들이 조상의 영광스러운 칭호를 성으로 삼은 것이다. 뒤에 그 지파의 하나는 줄여서 선(單)씨가 되었다.

군망(郡望) : 千乘郡.

427
太叔(Tàishū): 태숙

太叔

원류

① 희성姬姓에서 기원

이는 다시 둘로 나눌 수 있다. 그 하나는 춘추시대 衛(姬姓)文公의 셋째 아들 子儀가 있어 형제의 항렬로 보아 '太叔儀'라 칭하였다. 이에 그 지손들이 이를 성씨로 삼은 것이다. 다른 한 지파는 춘추시대 鄭(姬姓)나라 莊公의 아우로 段이 있어 京邑에 봉을 받아 '京城太叔'이라 불렸다. 그 자손들 역시 태숙을 성으로 삼은 것이다.

② 고대 '太'는 '大'와 같아 '太叔氏'는 역시 '大叔氏'로도 표기한다.

군망(郡望): 東平郡.

역사상 주요 인물

【太叔儀】춘추 衛 公族.

428
申屠(Shēntú): 신도

申屠

원류

① 有虞氏에서 기원

순임금 때 有虞氏의 후예로 勝屠氏(申屠氏로도 표기하였음)가 있었는데, 뒤에 음이 변하여 아예 申屠氏로 한 것이다. 夏나라 때 현인 申屠狄도 역시 申徒狄으로도 표기한다.

② 강성姜姓에서 기원

夏나라 때 四嶽의 후예로 申(지금의 河南 南陽市 북쪽) 땅에 봉하여진 자가 있어 申侯라 불렸으며 姜姓이었다. 西周 말 周 幽王의 申侯의 딸을 왕비로 맞아 平王(宜臼)을 낳았다. 그 신후의 아우가 屠源에 봉을 받아 申자와 屠자를 합하여 申屠氏가 된 것이다.

군망(郡望): 京兆·西河郡.

역사상 주요 인물

【申屠嘉】서한 승상.
【申屠剛】동한초 尙書令.
【申屠蟠】동한 학자.
【申屠致遠】원대 장서가.
【申屠澂】원대 학자.
【申屠衡】명초 학자.

429
公孫(Gōngsūn): 공손

[원류]

⓪ 기원과 원류가 복잡하다. 상고시대 炎帝 神農氏의 아우 욱(勖)이 소전국(少典國)의 군주가 되어 대대로 公爵의 제후로 인정받아, 그 후손이 공작의 후손이라는 뜻의 '公孫'으로 성을 삼았다. 한편 黃帝 軒轅씨의 처음 이름이 公孫이었으나, 뒤에 姬姓으로 개성하여 그 후손 중에 그대로 공손을 성으로 이어간 자가 있었다. 또한 춘추시대 오작(公侯伯子男) 중의 하나인 '公'의 작위를 받은 자들의 후손은 모두 '공손'이라 칭하여 자신들이 왕공의 후손임을 자랑으로 내세워 성씨가 되었다는 것이다.

[군망(郡望)]: 高陽·扶風郡.

[역사상 주요 인물]

【公孫杵臼】 춘추 晉 의사.
【公孫丑】 전국 齊, 孟子 제자.
【公孫戌】 전국 제, 孟嘗君의 門客.

【公孫龍】전국 趙 사상가.
【公孫弘】서한 재상.
【公孫瓉】동한 降虜都尉.
【公孫度】동한 遼東太守.
【公孫羅】당대 학자.

430
仲孫(zhòngsūn): 중손

[원류]

① 희성姬姓에서 기원

춘추시대 魯(姬姓) 桓公의 둘째 아들의 이름이 경보(慶父), 자가 共仲이었는데, 자신이 둘째(仲)로 태어난 후손이라 하여 仲孫氏라 하였다. 뒤에 이 경보가 노나라에서 난을 일으켜 임금을 죽인 뒤 국외로 도망하여 다시 孟孫氏라 하였다. 이에 노나라에 남아 있던 支孫의 庶孫들이 원래의 仲孫氏를 그대로 성으로 삼은 것이다. 줄여서 仲氏라고도 한다.

② 강성姜姓에서 기원

춘추시대 齊(姜姓)나라 역시 仲孫氏가 있었는데 이는 다른 지파이다.

[군망(郡望)]: 高陽郡.

역사상 주요 인물

【仲孫蔑·仲孫貜·仲孫何忌】 춘추 魯 대부.
【仲孫湫】 춘추 齊 대부.

431
軒轅(Xuānyuán): 헌원

軒轅

원류

⓪ 黃帝 軒轅氏에서 유래되었다. 황제가 일찍이 헌원의 언덕(軒轅之丘. 지금의 河南 新鄭市 서북)에 살아 이로써 氏가 되었다. 일설에는 황제가 軒冕의 제도를 처음 마련하여 헌원씨로 불렀다고도 하고 또는 '軒轅'은 '天黿'을 뜻하는 말로, 이것이 변하여 용이 된다고 믿어 황제 부족의 토템이었다고 한다. 그러나 '헌원'은 첩운어로 "각종 물건을 제조, 제작하는 데 뛰어남"을 뜻하는 말로 보아야 할 것이다.

군망(郡望): 郃陽郡.

역사상 주요 인물

【軒轅集】당대 도사.
【軒轅彌明】당대 시인.

432
令狐(Línghú): 령호

(원류)

◎ 희성(姬姓)에서 유래되었다. 周 文王의 아들 畢公 高(姬高)의 후손 畢萬이 춘추시대 晉나라 대부가 되었으며, 다시 그 후예 魏果가 전공을 세워 令狐(지금의 山西 臨猗縣 서쪽)에 봉을 받아 그 후손들이 봉읍을 성으로 삼은 것이다.

(군망(郡望)): 太原郡.

(역사상 주요 인물)

【令狐邵】삼국 魏 弘農太守.
【令狐策】서진 孝廉.
【令狐仕】북조 後魏 효자.
【令狐整】北朝 周 대장군.
【令狐德棻】당초 사학자.
【令狐楚·令狐綯】祖孫 모두 당대 재상.
【令狐鏓】명대 학자.

433
鍾離(Zhōnglí): 종리

鍾離

원류

⊙ 자성(子姓)에서 유래되었다. 춘추시대 宋(子姓)나라 桓公의 증손 伯宗이 晉나라 대부가 되었다가 郤氏에게 살해되자, 그 아들 州犁가 楚나라로 망명하여 鍾離(지금의 安徽 鳳陽縣)에 살았다. 그리하여 그 자손이 그 지명을 성으로 삼아 종리씨가 된 것이다. 혹 줄여서 '鍾氏'로도 표기한다.

군망(郡望): 會稽郡.

역사상 주요 인물

【鍾離春】전국 齊 宣王 왕후.
【鍾離昧】秦漢 項羽의 부장.
【鍾離意】동한 魯相.
【鍾離牧】삼국 東吳 武陵太守.
【鍾離權】당대 도사, 八仙의 하나.
【鍾離瑾】북송 知開封府.

434
宇文(Yǔwén): 우문

[원류]

⓪ 鮮卑族에게서 유래되었다. 宇文氏는 스스로 자신들이 炎帝 神農氏의 후예였는데, 炎帝가 黃帝에게 패하자 화를 피하여 북방 사막에 살게 되었다고 믿고 있다. 그 후손에 葛烏菟라는 자가 있어, 武略이 뛰어나 선비족의 東部大人이 되어 총 12부락을 다스렸다. 그 뒤 다시 普回라는 자가 나타나 그 '大人'의 직위를 이었는데, 사냥에서 옥새 하나를 주웠더니 "皇帝璽"라고 새겨져 있었다는 것이다. 그리하여 보회는 자신이 천명을 받은 자라 여겨 선비어로 '天君長'(宇는 天, 文은 君長을 뜻함)의 뜻을 취하여 호를 '宇文氏'라 하였다. 이들은 五胡十六國 때 中原으로 진입하여 北朝의 周나라를 세웠다.

[군망(郡望)] : 趙郡·太原郡.

> 역사상 주요 인물

【宇文泰】북조 西魏 太師.
【宇文邕】北周 武帝.
【宇文孝伯】北朝 周 小冢宰.
【宇文士及】당초 中書令.
【宇文融】당대 재상.
【宇文紹節】남송 兵部侍郎.
【宇文虛中】금대 翰林學士.

435
長孫(Zhǎngsūn): 장손

長孫

원류

① 鮮卑族의 拓跋氏에서 기원

北朝 後魏 獻文帝의 셋째 형으로 拓跋嵩이 있어, 魏나라 왕실을 크게 부흥시켜 '大人'이라 불렸다. 그러자 북위 道武帝 拓跋珪가 칭제한 뒤, 탁발숭이 그 증조 拓跋郁律의 장손이며 종실의 어른이라 하여 '長孫'이라는 성을 하사하였다.

② 《漢書》 藝文志에 의하면 《孝經》에 '長孫氏說'이라는 두 篇이 있었고, 儒林傳에는 "王吉이 《韓詩》를 長孫順에게서 받아 배웠다"라는 기록이 있는 것으로 보아 진한시대에 이미 '長孫氏'의 성이 있었던 것으로 보고 있다.

군망(郡望): 濟陽郡.

역사상 주요 인물

【長孫順】 서한 학자.

【長孫嵩】 북조 後魏 北平王.

【長孫子彦】 북조 後魏 中軍大都督.

【長松道生】 북조 후위 上黨王.

【長孫平】 隋代 吏部尙書.

【長孫晟】 수대 車騎將軍.

【長孫順德】 당초 澤州刺史.

【長孫無忌】 당대 재상.

長孫無忌《三才圖會》

436
慕容(Mùróng): 모용

원류

⓪ 선비족(鮮卑族)에서 유래되었다. 고대 帝嚳 高辛氏의 막내 아들이 멀리 遼西에 거하여 선비족의 근원이 되었으며, 그 후손이 漢魏 때 鮮卑國을 세웠다. 그러다가 列涉歸가 선비국의 單于(왕)가 되어, 자칭 "천지의 덕을 사모하고 일월과 별의 위용을 이어가겠노라"(慕二儀之德, 繼三光之容)하여 慕容을 성씨로 삼았다고 한다. 그러나 일설에는 東漢 때 선비부족이 中, 左, 右로 나뉘어 그 중 中部 선비족의 大人 柯最闕이 慕容寺에 거주하여 그것으로 성을 삼았다고도 한다.

군망(郡望): 敦煌·雁門郡.

역사상 주요 인물

【慕容皝】十六國 前燕 국왕.
【慕容恪】十六國 전연 大司馬.
【慕容垂】十六國 後燕 국왕.

【慕容紹宗】북조 齊 명장.
【慕容儼】북조 제 義安王.
【慕容延釗】북송초 대장.
【慕容彦逢】북송말 刑部尙書.

437
鮮于(Xiānyú): 선우

鮮于

원류

① 자성子姓에서 기원

商나라 말 紂王의 숙부 胥餘가 箕邑(지금의 山西 太谷縣 동북)에 봉을 받아 '箕子'(子는 公侯伯子男의 작위 명칭)라 하였다. 西周 初에 周 武王이 기자를 朝鮮에 봉하면서 箕子의 支孫 仲을 于邑을 채읍으로 주었다. 이에 그 자손들이 '朝鮮'의 '鮮'자와 '于邑'의 '于'자를 함께 써서 '鮮于'라는 성을 갖게 되었다.

② 丁零 사람에서 기원

《魏書》에 의하면 당시 定州(지금의 河北)에 丁零 사람으로 鮮于氏가 있었다고 하여 丁零族의 일부가 이 성이 된 것이 아닌가 한다.

군망(郡望): 漁陽・太原郡.

> 역사상 주요 인물

【鮮于文宗】동한 효자.
【鮮于輔】동한말 度遼將軍.
【鮮于仲通】당대 劍南節度使.
【鮮于侁】북송 知陳州.
【鮮于仲權】금대 학자.
【鮮于樞】원대 문학가.

438
閭丘(Lǘqiū): 려구

閭丘

원류

◎ 지명에서 유래되었다. 춘추시대 齊나라 대부 嬰이 閭丘(본래 邾나라 영토였으나 주나라가 망한 뒤 齊나라 땅이 되었음. 지금의 山東 鄒縣)에 봉해진 자가 있어 '閭丘嬰'이라 불렀다. 뒤에 그 자손들이 그 봉지를 성씨로 삼은 것이다. 줄여서 閭氏로 고친 경우도 있다.

군망(郡望): 頓丘郡.

역사상 주요 인물

【閭丘均】 당대 박사.
【閭丘曉】 당대 濠州刺史.
【閭丘孝終】 북송 명사.
【閭丘觀】 북송초 承信郞.
【閭丘昕】 남송 吏部侍郞.

439
司徒(Sītú): 사도

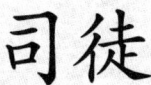

> 원류

① 有虞氏舜에게서 기원

제요 도당씨 때 帝舜 유우씨가 사도의 임무를 담당하여, 그 지손의 서손들이 그 관직 이름을 성으로 삼은 것이다.

② 관직 이름에서 기원

周나라 때 司徒의 벼슬을 두어 나라의 토지와 지도, 호구 등을 관장하며 아울러 교육을 담당하였다. 이는 六卿의 하나로써 높은 관직이었으며, 그 후손들이 관직 이름을 영예로 여겨 성으로 삼은 것이다.

> 군망(郡望) : 趙郡.

역사상 주요 인물

【司徒映】당대 太常卿.
【司徒詡】오대 後漢 禮部侍郎.
【司徒公綽】북송 진사.
【司徒化邦】명대 遼陽衛參軍.

440
司空(Sikōng): 사공

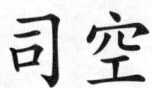

원류

① 사성姒姓에서 기원

帝堯 때 대우가 司空 벼슬을 하여 토목 공정의 일을 담당하였다. 그 支孫의 庶孫들이 조상의 관직 이름을 성으로 삼은 것이다.

② 陶唐氏에게서 기원

주나라 때 사공이라는 직책이 있어 건설 토목, 수레와 의복 등 제조업을 담당하였다. 제후국 중에는 晉나라만이 이 제도가 있었으며 춘추시대 帝堯 陶唐氏의 후예 隰叔의 아들 사위(士蔿)가 晉나라에서 이 일을 담당하였다. 이에 그 지손의 서손들이 조상의 관직을 성으로 삼은 것이다.

군망(郡望) : 頓丘郡.

[역사상 주요 인물]

【司空曙】당대 시인, 大曆十才子의 하나.
【司空圖】당말 시인.
【司空頲】오대 後梁 太府少卿.

441
丌官(Qíguān): 기관

丌官

원류

① 관직 이름에서 기원

고대 '丌'자는 '笄'자와 통하였으며, 先秦시대 笄官 벼슬이 있어 笄禮 (귀족 자제의 만 15세 때 올리는 성년식, 혹은 여자의 성년식에 비녀를 꽂는 의식)를 담당하였다. 춘추시대에는 이 관직을 성씨로 삼아 丌官氏가 있었으며 뒤에 이를 줄여 丌氏가 되었다.

② 丌官의 '丌'자는 'Jī'로도 읽으며, 흔히 줄여서 '기(几)'자로도 표기할 때는 'Qǐ'로 읽기도 한다.

군망(郡望) : 未詳.

역사상 주요 인물

【丌官氏】 춘추 宋, 孔子의 처.

442
司寇(sīkòu): 사구

司寇

> 원류

① 소성蘇姓에서 기원

서주 초 蘇國의 군주 蘇忿生이 周 武王의 司寇가 되어 형벌과 감옥, 규찰 등의 일을 담당하였다. 그 지손 서손이 조상의 관직 이름을 성씨로 삼아 司寇氏가 된 것이다.

② 희성姬姓에서 기원

춘추시대 衛(姬姓) 靈公의 아들 公子 영(郢)이 있었는데, 그 후손이 대대로 衛나라 司寇 벼슬을 하였다. 이에 그 후손들이 그 관직을 성씨로 삼은 것이다.

③ 司寇氏의 분화

司寇氏는 뒤에 司씨와 寇씨로 분화되었다.

군망(郡望) : 平昌郡.

역사상 주요 인물

【司寇惠子】춘추 魯 대부.

443
仉(zhǎng): 장

| 仉 | 주로 北京 등지에 일부 분포함. |

[원류]

⓪ 희성(姬姓)에서 유래되었다. 춘추시대 魯(姬姓)나라 공족대부의 후예로 당(黨)씨가 있었다. 이 '黨'자는 음이 '掌'과 같아 뒤에 '掌氏'가 되었다가 다시 그 음이 비슷한 '장씨'(仉氏)로 바뀌었다. 전국시대 孟子(孟軻)의 어머니 성씨가 바로 이 장씨였다.

[군망(郡望)]: 魯郡.

[역사상 주요 인물]

【仉氏】전국 孟軻(孟子)의 어머니.
【仉經】명초 河南道御史.

444
督(Dū): 독

督

> 원류

① 자성子姓에서 기원

춘추시대 宋(子姓)나라 공족대부 華督의 후예가 조상 이름을 취하여 督을 성씨로 하였다.

② 지명에서 기원

전국시대 燕나라 지명에 督亢(지금의 河北 涿州市 동쪽)이 있었으며, 이곳에 살던 사람들이 지명을 성씨로 삼은 것이다.

③ 외족의 개성

漢代 서남 巴人의 한 지파 중에 板楯蠻의 7大姓 중에 督姓이 있었으며, 이들이 성씨를 이어내려온 것이다.

군망(郡望) : 巴郡.

역사상 주요 인물

【督瓊】동한 五原太守.

445
子車(zichē): 자거(자차)

[원류]

① 영성(嬴姓)에서 유래하였다. 춘추시대 秦(嬴姓)나라 공족대부로써 子車仲行이 있어 秦 穆公을 섬겨 공을 세웠으며, 子車奄息과 鉗虎 등과 더불어 '三良'이라 칭송을 받았다. 진 목공이 죽자 이 삼량이 순장을 당하매 백성들이 〈黃鳥〉라는 시를 지어 애도를 표하였다. 이에 이 삼량의 자손들이 子車로 성을 삼았으며, 뒤에 글자를 줄여 車로써 성을 삼았다.

② 子車氏는 당시 '자차씨'로 읽었을 가능성도 있다.

[군망(郡望)]: 天水郡.

[역사상 주요 인물]

【子車仲行·子車奄息】 춘추 秦나라 三良.

446
顓孫(Zhuānsūn)：전손

顓孫

[원류]

① 규성(嬀姓)에서 유래되었다. 춘추시대 陳(嬀姓)나라 공자 顓孫이 晉나라에 이르러 벼슬을 하였는데, 그 후손들이 조상의 이름을 성씨로 삼은 것이다. 뒤에 일부는 뒤의 글자만을 취하여 孫氏가 되었다.

[군망(郡望)] : 山陽郡.

[역사상 주요 인물]

【顓孫師】子張. 춘추 陳, 孔子 제자.

447
端木(Duānmù): 단목

端木

[원류]

⓪ 원래 端木賜(子貢)에서 비롯되었다. 춘추시대 衛나라 출신으로 공자의 제자였으며, 그 후손들이 그의 성을 취하여 성씨로 삼은 것이다.

[군망(郡望)] : 魯郡.

[역사상 주요 인물]

【端木賜】 춘추 衛, 공자 제자. 子貢.
【端木叔】 전국 賢士.
【端木國瑚·端木百祿】 부자 모두 청대 학자.
【端木埰】 청대 侍讀.

448
巫馬(Wūmǎ): 무마

巫馬

[원류]

ⓞ 관직 명칭에서 유래되었다. 周나라 때에 巫馬라는 관직이 있어, 말을 기르고 말의 질환을 치료하는 馬醫官 임무를 맡고 있었다. '巫'는 고대 '醫'와 같은 치료사의 뜻이었다. 그 후손들이 조상의 직책 이름을 취하여 성씨로 삼은 것이다. 뒤에 흔히 줄여서 '巫氏'라고도 하였다.

[군망(郡望)] : 魯郡.

[역사상 주요 인물]

【巫馬施】춘추 魯, 공자 제자.

449
公西(Gōngxī): 공서

公西

[원류]

ⓞ 희성(姬姓)에서 유래되었다. 춘추시대 魯(姬姓)나라 공족대부 季孫氏 후예의 지파가 이 公西氏가 되었다.

[군망(郡望)] : 頓丘郡.

[역사상 주요 인물]

【公西赤·公西子尙·公西輿如】춘추 魯, 공자 제자들.

450
漆雕(Qīdiāo): 칠조

원류

① 희성(姬姓)에서 유래되었다. 춘추시대 魯(姬姓)나라 공족 후예로 漆雕氏가 있었다. 그리고 吳(姬姓)나라 공족 후예로써 역시 漆雕氏가 있었다. 이 칠조씨는 뒤에 흔히 글자를 줄여 '漆氏'라고도 하였다.

군망(郡望): 新蔡郡.

역사상 주요 인물

【漆雕開·漆雕哆·漆雕徒父】춘추 魯 현사, 공자 제자.

451
樂正(Yuèzhèng): 악정

樂正

[원류]

⓪ 관직 명칭에서 유래되었다. 주나라 때 樂正官의 직책이 있어 음악을 관장하였으며, 그 후손들이 그 관직 이름을 취하여 성씨로 삼은 것이다.

[군망(郡望)] : 天水郡.

[역사상 주요 인물]

【樂正裘】춘추 魯 명사.
【樂正子春】춘추 魯 현사, 曾子 제자.
【樂正子長】북송 방사.

452
壤駟(Rǎngsi): 양사

[원류]

⓪ 영성(嬴姓)에서 유래되었다. 춘추시대 秦(嬴姓)나라 귀족으로 壤駟赤이 있어 孔子의 제자가 되었다. 그 후손들이 이에 '壤駟'를 성으로 삼았으며, 뒤에 글자를 줄여 '壤氏'라고도 하였다.

[군망(郡望)] : 秦郡.

[역사상 주요 인물]

【壤駟赤】춘추 秦 현사, 공자 제자.

453
公良(Gōngliáng): 공량

[원류]

① 규성(嬀姓)에서 유래되었다. 춘추시대 陳(嬀姓)나라 귀족 중에 公子良이 있었는데, 그 지손의 서자 후손들이 조상의 이름을 줄여 '公良氏'라 한 것이다.

[군망(郡望)] : 陳留郡.

[역사상 주요 인물]

【公良孺】 춘추 陳, 공자 제자.

454
拓跋(Tuòbá): 탁발

拓跋

원류

① 鮮卑族에서 기원

고대 黃帝 軒轅氏의 아들 昌意의 막내아들 곤(悃)이 북방을 맡아 다스리도록 봉을 받아, 그 후예의 일파가 東胡 鮮卑族이 되었다. 원래 황제는 오행 중에 토덕으로 제왕이 된 것인데, 선비어로 "土를 拓이라 하고 그 후손을 跋"(謂土爲拓, 爲後爲跋)이라 하여 '拓跋'로 성씨를 삼아 "황제 헌원씨의 후예"임을 자랑으로 내세웠다.

② 匈奴族에서 기원

西漢 장수 李陵이 匈奴에게 패하여 흉노 여인을 아내로 맞았다. 흉노의 풍속에 어머니를 중히 여겨, 그 아들을 그곳 풍속대로 어머니 성씨를 따라 탁발씨라 하였다.

③ 五胡十六國 때 선비족 拓跋珪가 北朝의 後魏를 건국하였다. 後魏의 孝文帝 때 스스로 漢化를 강력히 추진하면서 왕족은 모두 '元氏'로 하였고, 왕족 이외의 탁발씨는 모두 그대로 두어 서민의 성으로 낮추었다.

④ 한편 '拓跋氏'는 '拓拔氏'로도 표기한다.

군망(郡望) : 潁川郡.

역사상 주요 인물

【拓跋珪】북조 後魏 道武帝.
【拓跋宏】북조 後魏 孝文帝, 元宏으로 개명함.
【拓跋可悉陵】북조 後魏 용장.
【拓跋平原】북조 후위 鎭南將軍.
【拓跋丕】북조 후위 樂平王.
【拓跋休】북조 후위 安定王.

455
夾谷(Jiāgǔ): 협곡

원류

ⓞ 여진족(女眞族)에서 유래되었다. 12세기 초 북방 여진족이 흥기하여 金나라를 세웠다. 그 여진족 중의 일부 부족 중에 '加古'라는 성씨가 있었는데, 그 음과 비슷한 '夾谷'을 표기 글자로 취하여 성씨로 삼은 것이다.

군망(郡望) : 撫寧縣.

역사상 주요 인물

【夾谷吾里補·夾谷謝奴】 금초 명장.
【夾谷衡】 금대 재상.
【夾谷石里哥】 금대 定海軍節度使.
【夾谷山壽】 원대 崇安縣尹.
【夾谷之奇】 원대 翰林學士.

456
宰父(zǎifù): 재보

(원류)

◎ 관직 명칭에서 유래되었다. 周나라 때 天官에 속하는 宰夫라는 직책이 있었으며, 왕실의 政令을 관장하였다. 그 후손들이 그 관직 명칭을 성으로 삼은 것이다. '夫'와 '父'는 고대 통용하여 宰父氏라 하였으며, '父'는 다시 '甫'와 같이 '보'로 읽는다. 한편 뒤에 일부는 첫 글자만 취하여 宰氏로 성을 삼기도 하였다.

(군망(郡望)) : 魯郡.

(역사상 주요 인물)

【宰父黑】 춘추 魯, 공자 제자.

457
穀梁(Gǔliáng): 곡량

穀梁

[원류]

① 물건의 명칭에서 기원

춘추시대 魯나라 穀梁氏가 있어 곡식의 이름을 성으로 삼았다가, 뒤에 '梁'자를 '梁'자로 바꾸어 穀梁氏가 되었다.

② 지명에서 기원

고대 博陵(지금의 河北 平安縣과 安國市 일대)에 穀梁城이 있어, 이곳에 살던 주민들이 지명을 성씨로 삼은 것이다.

③ 곡량씨는 뒤에 점차 변하여 穀氏와 梁氏 두 성으로 분화되었다.

[군망(郡望)] : 西河 · 下邳郡.

[역사상 주요 인물]

【穀梁赤】 전국 魯 학자, 공자제자 子夏의 문인.

458
晉(Jin): 진

 주로 河南省에 많이 분포함.

원류

⓪ 희성(姬姓)에서 유래되었다. 西周 초 周(姬姓) 武王이 셋째 아들 叔虞를 唐(지금의 山西 翼城縣)에 봉하여 '唐叔虞'라 하였다. 그 당숙우의 아들 섭보(燮父)가 晉水(지금의 山西 太原市 부근)로 옮겨 晉나라를 세워 역사적으로 이를 晉侯라 불렀다. 춘추 말기 晉나라 六卿의 다툼 끝에 韓, 魏, 趙가 진나라를 삼분하여 나라가 망하고(B.C.403), 진나라 왕족이 서인으로 강등되자 그 후손들이 나라 이름을 취하여 晉氏라 한 것이다. '晋'자는 '晉'자의 통용자이다.

군망(郡望) : 平陽郡.

역사상 주요 인물

【晉鄙】전국 魏나라 장군.
【晉馮】동한 京兆祭酒.
【晉灼】서진 尙書郞.

【晉鷺】남송초 知房州.
【晉調元】명대 兵科給事中.

459
楚(Chǔ): 초

> 楚 주로 河南 등지에 분포함.

원류

① 인명에서 기원

춘추시대 魯나라에 林楚라는 자가 있어, 그 후손이 이름의 뒤 글자를 성씨로 삼은 것이다. 한편 같은 시기 晉나라 趙襄子의 가신 楚隆이 있었는데, 그 후손 역시 楚로써 성씨를 삼았다.

② 미성芈姓에서 기원

서주 초 顓頊 高陽氏의 후손 熊繹이 荊山을 봉지로 받아, 丹陽(지금의 湖北 秭歸縣)을 도읍으로 정하고 국호를 荊이라 하였다. 그러다가 B.C.689년 荊 武王 熊通의 아들이 郢(지금의 湖北 荊州市 서북)으로 도읍을 옮겨 국호를 楚로 바꾸어 그를 楚 文王이라 불렀다. 전국 말 초나라가 秦始皇에게 망하자, 초왕의 지손 서손들이 나라 이름을 성씨로 삼은 것이다.

군망(郡望) : 江陵郡.

역사상 주요 인물

【楚昭輔】북송초 樞密使.
【楚建中】북송 陝西都轉運使.
【楚衍】북송 학자.
【楚執柔】북송 水利學者.
【楚鼎】원대 懷遠大將軍.
【楚智】명초 驍將.

460
閆(Yán): 염

閆 주로 山西, 陝西 등지에 분포함.

원류

⓪ 염성(閻姓)의 지파이다. '閻'자를 민간에서는 속자로 '閆'으로도 표기하며, 이것이 성의 표기 글자가 된 것이다.

군망(郡望) : 天水郡.

역사상 주요 인물

【閆亨】 晉 명사.

461
法(Fǎ): 법

원류

① 규성嬀姓에서 기원

전국시대 연나라 대장군 악의가 제나라를 공격하여 齊 緡王을 죽이자, 그 아들 田法章이 莒(지금의 山東 莒縣)로 도망하였다가 뒤에 왕으로 즉위(齊 襄王)하였다. 제나라가 秦始皇에게 망하자, 제나라 공족대부 중 일부가 감히 田성을 사용하지 못하고 그 조상 襄王(法章)에서 성씨를 취한 것이다.

② 외족의 개성

청대 蒙古族 伍堯氏가 중원으로 들어온 뒤 중국식으로 '法'자를 성을 삼아 개성하였다.

군망(郡望): 扶風郡.

> 역사상 주요 인물

【法雄】동한 南郡太守.
【法眞】동한 학자.
【法正】삼국 蜀漢 尙書令.
【法若眞】청초 詩書畫家.
【法坤宏】청대 학자.

462
汝(Rǔ): 여

 주로 陝西 등지에 분포함.

[원류]

① 인명에서 기원

商나라 초기 湯王의 신하 중에 汝鳩, 汝方 등이 있었으며, 이들의 후손이 이를 성씨로 삼은 것이다.

② 희성姬姓에서 기원

동주 초 平王이 그 막내아들을 汝(지금의 河南 汝州市)에 봉하여 그 지손의 서손들이 이를 성씨로 삼은 것이다.

③ 물 이름에서 기원

汝水(河南省 중부를 흐르는 물)가에 살던 사람들이 그 물 이름을 취하여 성씨로 삼은 것이다.

군망(郡望) : 江陵・潁川郡.

역사상 주요 인물

【汝郁】동한 魯相.
【汝爲】남송초 義士.
【汝訥】명대 汀州知府.

463
鄢(Yān): 언

鄢 주로 湖北 등지에 분포함.

원류

① 운성(妘姓)에서 유래되었다. 상고시대 火正이었던 祝融氏(妘姓)의 후손이 周나라 때 鄢(지금의 河南 鄢陵縣 서북)에 봉을 받았다. 이 鄢國이 鄭나라에 병탄되자, 그 나라 사람들이 나라 이름을 성씨로 삼은 것이다.

군망(郡望): 太原郡.

역사상 주요 인물

【鄢高】명대 定安令.
【鄢桂枝】명대 知劍州.
【鄢鼎臣】명말 宜黃敎諭.
【鄢正畿】명말 시인.

464
涂(Tú): 도

 주로 遼寧, 四川, 湖北, 安徽 등지에 분포함.

[원류]

① 도산씨涂山氏에서 기원

고대 安徽 蚌埠市 西部 일대는 涂山氏(塗山氏)의 부락이었다. 禹가 치수 사업을 위하여 이곳을 지나다가 도산씨의 여인을 아내로 맞아 啓를 낳았다. 禹가 夏王으로 즉위한 뒤 도산씨 지역은, 하왕조의 나라라 하여 그 곳을 근거로 涂氏가 생겨나게 되었다.

② 물 이름에서 기원

지금 안휘 중부를 흐르는 물로 저하(滁河)는 원 이름이 涂水였다. 安徽 合肥에서 발원하여 江蘇 六合縣에 이르러 長江으로 흘러든다. 東漢 이전 그 도수 兩岸에 살던 사람들이 그 물 이름을 성씨로 삼았던 것이다.

③ 외족의 개성

소수민족 중에 북쪽의 시버(錫伯)족의 土木而齊氏와 어룬춘(鄂倫春)족의 涂克東氏 등은 한족식 涂氏로 성을 바꾸었다.

군망(郡望) : 豫章郡.

역사상 주요 인물

【涂恽】동한 諫議大夫.
【涂欽】서진 新吳侯.
【涂大經】남송초 진사.
【涂潛生】남송 학자.
【涂瑞】명대 학자.
【涂一榛】명대 通政使.
【涂天相】청대 工部尙書.

465
欽(Qin): 흠

 주로 江蘇省과 淮水 부근에 분포함.

원류

⓪ 오환족(烏桓族)에서 유래되었다. 魏晉시대 漁陽(지금의 河北 북부와 北京시 일대)에 살던 오환족으로 欽氏성이 있었으며, 그 예로 北朝 後魏 때 오환족 大人으로 欽志賁이 있었다. 그 뒤 이들 흠씨는 거의 漢族에 융화되어 唐나라 때는 長江, 淮水 일대로 이주하게 되었으며, 이로 인해 宋代 이후 흠씨들은 주로 장강, 절강, 회수 이남 일대에 취락을 이루게 되었다.

군망(郡望) : 河間郡.

역사상 주요 인물

【欽明】 남송 학자.
【欽德載】 남송말 都督計議官.
【欽善】 청대 시인.
【欽揖】 청대 화가.

466
段干(Duàngān): 단간

段干

원류

⓪ 이성(李姓)에서 유래되었다. 춘추 말기 老子(李耳, 李聃)의 후손으로 李宗이란 자가 있어 魏나라 장수가 되어 段邑(지금의 山西省 경내)을 채읍으로 받았으며, 다시 공을 세워 干邑(지금의 河南 濮陽市 북쪽)을 채읍으로 추가로 받게 되었다. 이에 그 지손과 후손들이 段氏 혹은 干氏 혹은 段干氏를 성으로 삼아 세 지파가 생겨나게 되었다.

군망(郡望) : 西河郡.

역사상 주요 인물

【段干木】 전국초 魏 명사.
【段干朋】 전국 齊 卿士.

467
百里(Bǎilǐ): 백리

(원류)

◎ 희성에서 유래되었다. 서조 초 주 무왕이 古公亶父의 지손을 찾아 虞(지금의 山西 平陸縣 북쪽)에 봉하였다. 이 우나라가 춘추시대 晉나라에게 망하자, 우나라 대부 奚成이 포로가 되었다가 진나라의 媵臣(시집 가는 여자의 몸종)이 되어 秦나라고 가는 도중 도망하여 楚나라에서 양을 치며 살았다. 秦 穆公이 그의 어짊을 듣고 다섯 양피로 대속금을 주고 사왔다고 하여 五羖大夫(五羖大夫)라 불렀다. 그가 살던 곳이 虞나라 百里鄕이었으므로 그를 '百里奚'라 불렀다. 그 후손들이 그 지명을 성으로 삼은 것이다.

(군망(郡望)) : 新蔡郡.

(역사상 주요 인물)

【百里奚】춘추 秦 上卿.
【百里嵩】동한 徐州刺史.

〈百里奚牧牛圖〉

468
東郭(Dōngguō): 동곽

東郭

(원류)

ⓞ 강성(姜姓)에서 유래되었다. 동곽은 '동쪽 외성'을 뜻하며 춘추시대 齊(姜姓)나라 공족대부로써 東郭, 西郭, 北郭에 살던 이들이 있어, 그 사방 주거지의 이름을 그대로 성씨로 삼은 것이다. 齊 桓公의 지손 서자들이 동쪽 성곽 담 아래 살아 이들을 '東郭大夫'라 불렀으며, 그 자손들이 이를 성으로 삼은 것이다.

(군망(郡望)) : 濟南郡.

(역사상 주요 인물)

【東郭牙】 춘추 齊 卿士.
【東郭垂】 춘추 齊 처사.
【東郭順子】 전국 魏 명사.
【東郭延年】 동한 방사.

469
南門(Nánmén): 남문

南門

원류

① 관직 명칭에서 기원

夏朝 때 남쪽 성문 혹은 궁궐의 남문을 지키던 관직이 있었는데, 그 후손들이 그 관직의 명칭을 성씨로 삼은 것이다.

② 거주지의 명칭에서 기원

先秦 시기 남문에 살던 자가 그 지역 이름을 취하여 성씨로 삼은 것이다.

군망(郡望) : 河內郡.

역사상 주요 인물

【南門蝸】商初 湯王 신하.

470
呼延(Hūyán): 호연

呼延 주로 중국 북방 지역에 분포함.

원류

⓪ 흉노족(匈奴族)에서 유래되었다. 漢나라 때 흉노의 4대 성씨 중 하나가 호연씨(呼衍氏)였는데, 이들이 중원으로 들어와 호연씨(呼延氏)라 표기를 바꾼 것이다. 이들은 주로 山西에 분포하며, 그 한 지파는 陝西로 이주하여 단성 '呼'로 바뀌기도 하였다.

군망(郡望): 太原郡.

역사상 주요 인물

【呼延謨】十六國 前秦 太守.
【呼延贊】북송초 명장.

471
歸(Gui): 귀

 주로 江西, 河北 등지에 분포함.

[원류]

⓪ 호자국(胡子國)에서 유래되었다. 춘추시대 胡子國(胡國이라고도 함. 지금의 安徽 阜陽市)은 歸姓이었는데, 楚나라에게 멸망을 당한 뒤 그 유족 중에 그 성을 그대로 이어받은 부류는 歸氏로 하고, 나라 이름을 이어받은 이들은 胡氏라 하였다.

[군망(郡望)] : 吳郡·京兆郡.

[역사상 주요 인물]

【歸崇敬】 당대 兵部尙書.
【歸登】 당대 工部尙書.
【歸融】 당대 翰林賢士.
【歸暘】 원대 翰林直賢士.
【歸有光】 명대 문학가.
【歸子順】 명대 학자.
【歸莊】 청초 학자.

472
海(Hai): 해

海 주로 北京, 陝西 등지에 분포함.

[원류]

Ⓞ 주거지 명칭에서 유래되었다. 춘추시대 衛 靈公의 신하 중에 海春이 있었는데, 본래 齊나라 출신으로 바닷가에 살아 海氏라 하였다. 그 후손이 그 성을 그대로 사용한 것이다.

[군망(郡望)] : 薛郡.

[역사상 주요 인물]

【海鵬】 당대 학자.
【海源善】 명초 安化知縣.
【海瑞】 명대 南京右都御史.
【海從龍】 청대 監生.

473
羊舌(Yángshé): 양설

[원류]

① 희성姬姓에서 기원

춘추시대 晉(姬姓)나라 靖侯의 후손으로 羊舌邑(지금의 山西 洪洞縣, 平陽縣 일대)을 식읍으로 받은 자가 있어, 그 후손들이 읍 이름을 성씨로 삼은 것이다.

② 계성季姓에서 기원

《春秋釋例》에 의하면 춘추시대 季果의 고사에 어떤 사람이 양을 훔쳐 잡아 그 머리를 주자, 이를 받았으나 감히 먹을 수가 없어 땅에 묻었는데, 뒤에 혐의에 걸려 그 증거로 땅을 파보았더니 양의 혀가 그대로 남아 있어 죄를 면하게 되었다고 한다. 이에 羊舌로 그 성을 삼았다는 것이다.

③ 양설씨의 簡化

춘추 말 일부 羊舌氏는 글자를 줄여 羊氏로 하기도 하였다.

군망(郡望) : 京兆郡.

역사상 주요 인물

【羊舌職·羊舌赤】 부자 모두 춘추 晉 中軍尉.
【羊舌肸·羊舌鮒·羊舌虎】 형제 모두 춘추 晉 대부.

474
微生(Wēishēng): 미생

微生 주로 山西省 등지에 분포함.

[원류]

① 자성子姓에서 기원

西周 초 商(子姓)나라 왕족 微子啓가 宋에 봉해졌으며, 춘추시대 송나라가 망한 뒤, 그 나라 사람들이 조상의 이름을 취하여 '微生'이라 성을 삼은 것이다.

② 희성姬姓에서 기원

춘추시대 魯(姬姓)나라 공족으로 微生氏가 있었다.

[군망(郡望)] : 魯郡.

[역사상 주요 인물]

【微生高】 춘추 魯 현사.
【微生畝】 춘추 노 은사.

475
岳(Yuè): 악

岳 주로 河南, 四川 등지에 집중적으로 분포함.

[원류]

⓪ 원래 관직 이름에서 나왔다. 고대 堯임금 때 羲和는 천문 관측을 맡은 신하로써, 그 후손이 '四岳'이 되어 三山五岳의 제사를 받드는 지방장관의 높은 관직을 맡게 되었다. 그리하여 그 후손들이 '岳'자를 성으로 삼은 것이다. 한편 남송초 대신 岳飛가 억울하게 죽게 되자, 그 후손들이 江淮, 鄂州(湖北) 등지로 피하여 성을 '鄂', '岠' 등으로 바꾸어 화를 면하고자 하였다.

[군망(郡望)] : 山陽郡.

[역사상 주요 인물]

【岳飛】남송초 대장.
【岳雲·岳雷·岳霆·岳震·岳霖】형제 모두 岳飛의 아들.
【岳珂】남송 학자.
【岳桂】원대 行中書省平章政事.
【岳浚】원대 藏書家.

【岳仲明】명초 은사.
【岳正】명대 학자.
【岳筠】청대 才女.
【岳鍾琪】청대 兵部尙書.

岳飛《三才圖會》

476
帥(shuài): 솔

帥　주로 湖南, 四川 등지에 집중적으로 분포함.

[원류]

◎ 사성(師姓)에서 유래되었다. 주나라 때 음악을 관장하는 직책을 '師'라 불렀다. 西晉 초 晉 武帝(司馬炎)의 백부인 司馬師의 이름을 피휘하여 '師'자에서 우방의 일획을 제하여 '帥'자로 성을 삼은 것이다. 고대 이 글자는 '率'과 음과 뜻을 같이하여 사용하여 '帥'성은 역시 '率'로 표기하기도 한다.

[군망(郡望)] : 琅琊・南陽・太原郡.

[역사상 주요 인물]

【帥子連】 북송초 奇士.
【帥範】 북송 良吏.
【帥我・帥仍祖・帥光祖】 부자 모두 청대 학자.

477
緱(Gōu): 구

원류

① 희성姬姓에서 기원

서주 때 왕족의 동성 卿士로써 緱邑(지금의 河南 偃師市 南緱氏鎮)에 봉을 받은 자가 있었다. B.C.520년 周 景王이 죽고 王子 朝가 난을 일으켜 왕위를 찬탈하자, 晉나라가 나서서 이를 평정하고 오는 길에 구읍에 주둔하게 되었다. 왕자 조는 楚나라로 도망하고, 구읍의 대부 역시 그 봉지를 잃게 되었다. 이에 그 자손들이 그 봉지를 그리워하여 緱氏로 성을 삼게 되었다.

② 외족의 개성

北朝 後魏 때 鮮卑族의 渴侯氏가 中原에 들어와 살면서 漢化되면서 개성하여 緱氏로 성을 삼게 되었다.

군망(郡望): 太原郡.

역사상 주요 인물

【緱仙姑】당대 효녀.

【緱謙】명대 南京右通政使.

478
亢(Kàng): 강

亢　주로 山東 지역에 집중적으로 분포함.

원류

① 강성姜姓에서 기원

춘추시대 齊(姜姓)의 공족이 강보(亢父. 지금의 山東 濟寧市 남쪽)에 봉을 받아 후손들이 봉지를 성씨로 삼았으며 줄여서 亢氏라 한 것이다.

② 희성姬姓에서 기원

춘추시대 衛(姬姓)나라 공족대부로 이름이 三伉이었던 자가 있었다. 그 후손이 이름을 성씨로 삼으면서 뒤에 'イ'변을 제하고 '亢'으로 표기하였던 것이다.

③ 자성子姓에서 기원

宋(子姓)나라 개국 군주였던 微子 啓의 후손이 춘추시대 '亢'을 성씨로 하였다.

④ 이 글자는 우리음으로 '강'으로 읽는다.

군망(郡望) : 太原郡.

역사상 주요 인물

【亢良玉】명대 효자.
【亢樹滋】청대 문인.

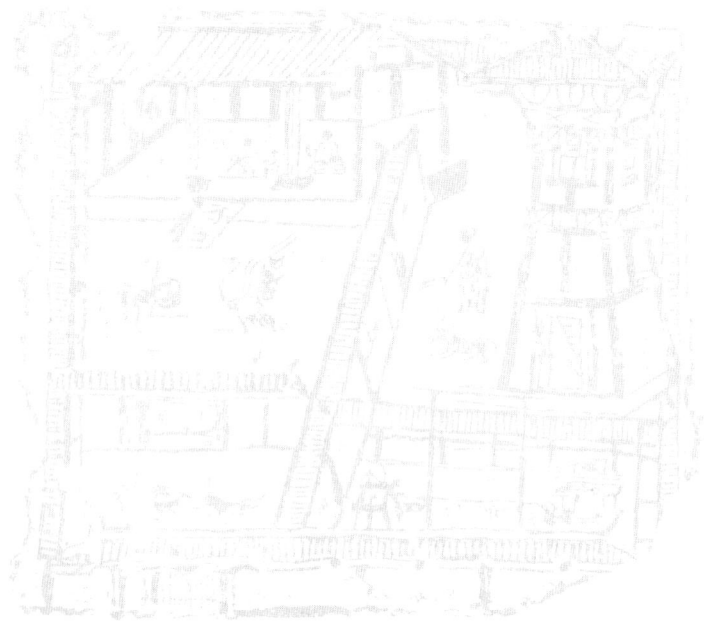

479
況(Kuàng): 황

況 주로 陝西, 四川, 江西, 江蘇 등지에 분포함.

원류

① 지명에서 기원

周나라 때 舜임금의 후예가 況邑에 봉을 받아, 그 후손들이 봉지를 성씨로 삼은 것이다.

② 외족의 개성

明初 신하 중에 況本은 본성은 黃씨였는데 성을 況으로 고쳤으며, 그 후손들이 이를 고치지 아니하고 성씨로 삼은 것이다.

군망(郡望) : 廬江郡.

역사상 주요 인물

【況逵】원대 高安令.
【況鍾】명대 蘇州知府.
【況文】명대 廣東參政.
【況叔琪】명대 학자.
【況暹】명대 光祿寺署正.

480
后(Hòu): 후

后

원류

① 共工氏에서 기원

고대 共工氏의 아들 句龍이 后土의 벼슬을 받아 토지 관리의 업무를 담당하였다. 그 후손이 조상의 관직 이름에서 '后'자를 취하여 성씨로 삼았다.

② 희성姬姓에서 기원

춘추시대 魯(姬姓) 孝公의 8대손 成叔이 郈邑(지금의 山東 東平縣 남쪽)을 식읍으로 받아 郈大夫라 하였다. 그 자손들이 읍 이름을 성으로 삼았으며, 뒤에 '阝'을 제거하고 后로 표기한 것이다.

한편 魯 孝公의 아들 惠伯革의 지손 서손의 후대들이 '厚'를 성씨로 삼았다가 고대 '厚'와 '后'가 통용되는 글자여서 后姓을 성씨로 삼게 되었다.

군망(郡望): 東海郡.

역사상 주요 인물

【后處】춘추 齊, 공자 제자.
【后蒼】서한 학자.
【后能】명대 岷州守臣.

481
有(Yǒu): 유

有　주로 北京 등지에 분포함.

[원류]

⓪ 유소씨(有巢氏)에서 유래되었다. 고대 유소씨는 처음으로 나무를 얽어 둥지를 지어 사는 법을 발명하여, 그 문명 발전의 단계가 곧 氏名이 되었다. 그 뒤 첫 글자 '有'를 취하여 성씨로 삼은 것이다. 한편 明나라 초기 공신 중에 '日興'이라는 자가 있어 洪武 연간에 '有'성을 사성으로 받았으며, 그 글자에 다시 갓머리(宀)를 더하여 '宥'성이 되어 그를 흔히 '宥日興'이라 불렀다. 그 후손들 중에 글자로 바꾸지 않은 채 '有'자를 그대로 쓴 지손들이 있어 하나의 성씨가 되었다.

[군망(郡望)] : 東海郡.

[역사상 주요 인물]

【有若】 춘추 魯, 공자 제자.

482
琴(Qín): 금

[원류]

① 직업에서 기원

周나라 때 琴을 제작하거나 연주 혹은 다루는 직업이 있었으며, 이 직업을 성씨로 삼은 것이다.

② 인명에서 기원

춘추시대 衛나라 琴牢는 자가 子開로써 孔子의 제자였다. 그 후손들이 그 성명에서 성씨를 이어받은 것이다.

[군망(郡望)] : 天水郡.

[역사상 주요 인물]

【琴高】전국 趙 琴師.
【琴彭】명초 茶籠州守臣.

483
梁丘(Liángqiū): 량구

[원류]

⊙ 살던 지명에서 유래되었다. 춘추시대 齊나라 대부 '據'가 梁丘(지금의 山東 武城縣 동북) 땅을 봉읍으로 받아 '梁丘據'라 하였다. 그 지손과 서손들이 그 봉읍을 성씨로 삼아 梁丘氏로 하였다가, 뒤에 글자를 줄여 梁씨라고도 하였다.

[군망(郡望)] : 馮翊郡.

[역사상 주요 인물]

【梁久賀·梁久臨】 부자 모두 서한 학자.

484
左丘(Zuǒqiū): 좌구

左丘

[원류]

ⓞ 살던 지명에서 유래되었다. 춘추시대 齊나라 도읍 臨淄(지금의 산동 淄博市)에 左丘라는 지명이 있었으며, 당시 자가 '明'인 자가 이곳에 살아 '左丘明'이라 하였다. 그 후손들이 그 지명을 성씨로 삼은 것이다. 뒤에 많은 이들은 그 중 첫 글자를 취하여 左氏라고도 하였다.

[군망(郡望)]: 齊郡.

[역사상 주요 인물]

【左丘明】춘추 魯 太史, 혹 성이 左, 이름이 丘明이라 함.

485
東門(Dōngmén): 동문

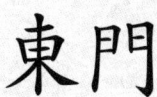

원류

ⓞ 희성(姬姓)에서 유래되었다. 춘추시대 魯(姬姓)나라 莊公의 아들 遂는 자가 襄仲이었는데, 도성의 東門에 살아 '東門襄仲'이라 불렸다. 그 후손들이 그 살던 동문을 성씨로 삼은 것이다.

군망(郡望): 濟陽郡.

역사상 주요 인물

【東門歸父】 춘추 魯 대부, 東門遂의 아들.
【東門京】 서한 相馬의 대가.
【東門雲】 동한 荊州刺史.

486
西門(Xīmén): 서문

西門

[원류]

◐ 살던 주거 지명에서 유래되었다. 춘추시대 鄭나라 대부가 도성의 西門에 살아, 그 후손들이 그 살던 서문을 성씨로 삼은 것이다.

[군망(郡望)] : 梁郡.

[역사상 주요 인물]

【西門豹】전국 魏 鄴令.
【西門君惠】서한말 도사.
【西門季玄】당대 神策中尉.

487
商(shāng): 상

 주로 江蘇, 黑龍江, 北京, 山東, 河南 등지에 분포함.

[원류]

① 軒轅氏에서 기원

黃帝 軒轅氏의 후예로서 商(지금의 陝西 商州市) 땅을 봉지로 받은 자가 있어, 그 후손이 땅 이름을 성씨로 삼게 되었다.

② 인명에서 기원

商나라 말기 賢臣으로 商容이 있었다. 그 후손들이 그 이름에서 商을 성씨로 삼은 것이다.

③ 자성子姓에서 기원

서주 초 商나라 왕족의 후예들이 자신들 옛 고국 이름을 성씨로 삼은 것이다.

④ 희성姬姓에서 기원

춘추시대 衛(姬姓)나라 공족 衛鞅이 秦나라에 들어가 變法을 실행하고 商(지금의 陝西 商州市 동남) 땅을 받아 商君이라 불렀다. 그 자손이 봉읍을 성씨로 삼은 것이다.

군망(郡望) : 汝南·濮陽郡.

역사상 주요 인물

【商瞿·商澤】 춘추 魯, 공자 제자.
【商鞅】 춘추 秦 대신.
【商飛卿】 남송 戶部侍郎.
【商衡】 금대 監察御使.
【商挺】 원대 參知政事.
【商輅】 명대 대신.

488
牟(Móu): 모

 遼寧, 四川 등지에 집중적으로 분포함.

[원류]

ⓞ 축융씨(祝融氏)에서 유래되었다. 火神이었던 축융씨의 후손들이 周나라 때 牟(지금의 山東 萊蕪市 동쪽) 땅을 봉읍으로 받아 牟子國(子는 公侯伯子男의 작위)을 건립하였다. 춘추 말기에 이 모자국이 齊나라에 병탄되고, 그 후손들이 나라 이름을 성으로 삼은 것이다.

[군망(郡望)] : 鉅鹿郡.

[역사상 주요 인물]

【牟辛】 전국 齊 대부.
【牟融】 동한 司空, 학자.
【牟長·牟紆】 부자 모두 동한 학자.
【牟子才】 남송 禮部尙書.
【牟巘】 남송초 학자.
【牟應龍】 원대 학자.

489
佘(shé): 사

 주로 江西省 지역에 집중적으로 분포함.

[원류]

⓪ 강성(姜姓)에서 유래되었다. 춘추시대 齊(姜姓)나라 공족으로 佘丘(지금의 山東 肥城市 남쪽)를 채읍으로 받은 이가 있었다. 이 지명은 원래 蛇丘였으며 후손들이 그 봉읍을 성으로 삼아 佘丘氏라 하다가 줄여서 佘氏라 한 것이다. 청대 학자 張澍는 "고대 '余'자는 있어도 '佘'자는 없었으며, 음이 '사'로 바뀌어 속자를 성으로 삼은 것"이라 하였다.

[군망(郡望)]: 雁門郡.

[역사상 주요 인물]

【佘欽】당대 太學博士.
【佘起】남송 의사.
【佘大綱】명대 黔江知縣.
【佘翔】명대 全椒令.
【佘隆】명대 명장.

【佘應桂】명대 南康知府.
【佘熙璋·佘觀國】부자 모두 청대 화가.

490
伲(Nài): 내

伲

원류

◎ 내(伲)성은 그 원류를 알 수 없다. 다만 西晉 초의 山濤가 편찬한 《山公集》에 '伲湛'이라는 인명이 보여, 3세기 이전에 이미 이 성이 있었던 것으로 여겨진다. 한편 이 '伲'자는 《廣韻》에 '仍吏切'로 '이'이나 지금은 'nài', 'èr' 두 음이 있으며 성씨일 경우 'Nài'로 읽는다.

군망(郡望): 滇池縣.

역사상 주요 인물

【伲祺】명대 진사.

491
伯(Bó): 백

원류

① 희성姬姓에서 기원

서주 초기 魯나라 개국 시조 伯禽은 周公(姬旦)의 맏아들이었다. 이에 그 자손 서손이 伯자를 성씨로 삼은 것이다.

② 영성嬴姓에서 기원

黃帝 軒轅氏의 후손 伯益이 禹임금의 신하가 되어 그 공으로 嬴姓을 얻었으며, 그 자손 서손이 그 伯자를 성씨로 삼은 것이다.

③ 강성姜姓에서 기원

炎帝 神農氏(姜姓)의 후예 伯夷가 商末 孤竹國의 왕자로써 周나라에 왔다가, 周室을 의롭지 않다고 여겨 首陽山(지금의 河南 偃師市 서북)에서 고사리를 캐 먹다가 죽었다. 이에 그 후손의 지손이 伯夷의 伯자를 성씨로 삼은 것이다.

④ 순성荀姓에서 기원

춘추시대 晉나라 대부 순림보(荀林父)는 자가 伯으로써 晉 文公(重耳)의 中行將이 되어 중항백(中行伯)이라 불렸다. 이에 그 손자 閤이 조부의 자를 성씨로 삼아 伯씨가 되었다.

군망(郡望) : 河東郡.

역사상 주요 인물

【伯宗】 춘추 晉 대부.
【伯州犁】 춘추 楚 太宰.

伯夷 《三才圖會》

492
賞(shǎng): 상

[원류]

① 오중吳中에서 기원

춘추시대 吳나라 사람으로서 賞을 받게 되자, 이를 성씨로 삼아 賞씨라 하였다. 이는 吳中(지금의 江蘇 蘇州市) 8姓 중의 하나이다.

② 서하국西夏國에서 기원

西夏國에 역시 賞氏가 있어 이들이 漢化되면서 그대로 그 성씨를 이어 왔다고 한다.

[군망(郡望)] : 吳郡.

[역사상 주요 인물]

【賞慶】晉代 명사.

493
南宮(Nángōng): 남궁

南宮

[원류]

① 인명에서 기원

商나라 말기 周 文王(姬昌)의 '四士' 중 하나가 南宮括이었는데, 무왕을 도와 殷나라를 멸하였다. 그 후손들이 이를 성씨로 삼은 것이다.

② 희성姬姓에서 기원

춘추시대 魯(姬姓)나라 대부 중에 孟僖子의 아들 仲孫閱이 궁궐의 남쪽에 거하여, 그 자손들이 이를 성씨로 삼은 것이다. 일설에는 魯나라 南宮閱이 남궁에 살아 이를 성씨로 삼은 것이라고도 한다.

[군망(郡望)]: 魯郡.

> 역사상 주요 인물

【南宮括】 서주초 대신.
【南宮長萬】 춘추 宋 대부.
【南宮适】 춘추 魯, 공자 제자.
【南宮靖一】 북송 학자.

494
墨(Mò): 묵

 주로 陝西, 四川 등지에 분포함.

(원류)

① 인명에서 기원

夏나라 禹王의 스승으로 墨如가 있었으며, 그 후손들이 조상의 이름을 취하여 성씨로 삼은 것이다.

② 묵태씨墨胎氏에서 기원

商나라 때 孤竹國의 임금 이름이 墨胎였으며 이는 伯夷와 叔齊의 아버지였다. 그 후대가 혹은 나라 이름을 성으로 삼아 '孤竹氏'로 하기도 하고 또는 조상의 이름을 써서 '墨胎氏'로 하였다가, 그 중 묵태씨는 글자를 줄여 墨씨로 한 것이다.

③ 자성子姓에서 기원

춘추시대 宋(子姓) 成公의 아들로 묵이(墨台)가 있어 그 후손들이 조상의 이름을 취하여 성으로 삼았다.

군망(郡望) : 梁郡.

역사상 주요 인물

【墨翟】 전국초 사상가, 墨子.
【墨麟】 명초 兵部侍郞.

墨子(墨翟) 夢谷 姚谷良(그림)

495
哈(Hǎ): 합

 주로 雲南에 널리 분포하고 있음.

(원류)

⓪ 중앙아시아의 푸할라(布哈拉) 왕족에서 유래되었다. 北宋 神宗 때 중앙아시아 푸할라 왕국의 왕과 그 아우 알사(艾爾沙)가 동족 5천여 명을 인솔하고 동쪽으로 이동하여 당시 수도 開封에 이르러 중원에 거주하게 되었으며, 원대 초에 이르러 이 푸할라 왕족의 후예 사이덴치(賽典赤)가 咸陽王에 봉해져 雲南으로 진출하게 되었다. 그 사이덴치가 죽은 뒤 9명의 아들이 낳은 13명의 손자들이 각기 納, 馬, 撒, 哈, 沙, 賽, 速, 忽, 閃, 保, 木, 蘇, 郝을 성으로 삼아 이를 세칭 '回民十三姓'이라 한다.

(군망(郡望)) : 河間郡.

(역사상 주요 인물)

【哈永森】 명대 명사.
【哈元生·哈尚德】 부자 모두 청대 명장.
【哈攀龍·哈國興】 부자 모두 청대 武科 進士.

496
譙(Qiáo): 초

譙 주로 四川, 安徽 등지에 분포함.

원류

姬姓에서 유래되었으나 다시 두 가지 갈래로 나눌 수 있다.

① 西周 초 周 成王(姬誦)이 召公(姬奭)의 아들 성(姬盛)을 초(지금의 安徽 亳州市)에 봉하여 대대로 譙侯라 불렀다. 뒤에 나라가 멸망하자, 그 유족들이 일부는 盛氏로, 그리고 일부는 譙氏로 성을 삼았다.

② 서주 초 周 文王(姬發)의 11번째 아들 진탁(姬振鐸)이 曹나라에 봉을 받았는데, 그 支孫의 서자가 曹나라 대부가 되어 譙邑을 채읍으로 받아 그 채읍의 지명을 성씨로 삼은 것이다.

군망(郡望) : 譙郡・巴西郡.

역사상 주요 인물

【譙隆】서한 侍中.
【譙玄】서한말 中散大夫.
【譙瑛】동한 학자.
【譙周】삼국 蜀漢 학자.
【譙縱】東晉 益州刺史.
【譙定】북송 학자.

笪(Dá): 달

笪 江蘇 남쪽 句容縣 및 福建의 서북부에 주로 분포함.

원류

① 이 笪氏의 근원은 아직 밝혀지지 않았다. 南朝 宋나라 때의《姓苑》에 "今建州多此姓"이라 하였다. 建州는 지금의 福建省 建甌市이며, 이로써 이미 5세기 이전에 이 성씨가 있었던 것을 확인할 수 있다.

② 이 '笪(Dá)'자는 혹 성조를 달리 'Dà'로 읽기도 한다.

군망(郡望) : 建安郡.

역사상 주요 인물

【笪深】북송 진사.
【笪重光】청대 御史, 서화가.

498
年(Nián): 년

| 年 | 주로 甘肅, 山西, 內蒙古, 雲南 등지에 분포함. |

원류

① 강성姜姓에서 기원

주나라 때 齊나라를 개국한 姜太公(姜子牙, 呂尙)의 후손 중에 '年'을 성으로 삼은 자가 있어 그 성이 이어진 것이다.

② 엄성嚴姓에서 기원

《明史》年富傳에 의하면 그의 본성은 嚴씨였으나 '嚴'자를 잘못 발음하여 '年'이 되었으며, 이를 고치지 아니하고 그대로 성으로 사용하였다고 한다.

군망(郡望): 懷遠郡.

역사상 주요 인물

【年富】명대 戶部尙書.
【年暇齡】청대 撫遠大將軍.
【年希堯】청대 工部右侍郞.
【年羹堯】청대 撫遠大將軍, 太保.
【年汝鄰】청대 화가.

499
愛(ài): 애

원류

㊀ 西域 위구르(回紇, 維吾兒)족에서 유래되었다. 唐 武宗 때 서역 위구르 나라에 내란이 일어나자 당나라가 군대를 파견하여 평정하였다. 그 때 일부 부족이 당나라에 귀순하였으며, 그 중 위구르 재상이었던 愛邪勿이 있어 당나라로부터 그 이름의 역음인 '愛'를 성씨로 하사받고 이름을 '弘順'이라 하였다. 그 후손들이 中原에 거주하면서 그 성을 그대로 사용하여 애씨가 되었다.

군망(郡望) : 西河郡.

역사상 주요 인물

【愛弘順】 당대 回紇國相.

500
陽(Yáng): 양

 주로 湖南, 廣西, 四川, 江西 등지에 분포함.

> 원류

① 희성姬姓에서 기원

東周 景王이 그 막내아들을 陽樊(지금의 河南 濟源市 동남)에 봉하였다. 뒤에 후손이 난을 피하여 燕나라고 도망하였다가, 그 봉지를 성씨로 삼아 陽씨가 되었다.

② 나라 이름에서 기원

東周 惠王 때 동주의 부용국이었던 陽國(지금의 山東 靑州市 동남)이 齊나라에게 병탄되자, 그 유민들이 나라 이름을 성씨로 삼은 것이다.

③ 인명에서 기원

춘추시대 魯나라 季孫氏의 가신 陽虎(陽貨)의 후인이 조상의 이름을 성씨로 하여 陽씨가 생겨났다.

④ 읍 이름에서 기원

　춘추시대 晉나라 대부 처보(處父)가 陽邑(지금의 山西 太谷縣 동쪽)을 봉지로 받아, 그 후손이 읍 이름을 성씨로 삼은 것이다.

⑤ 미성芈姓에서 기원

　楚(芈姓) 穆王의 손자가 楚 平王 때 令尹이 되어 陽城(지금의 河南 登封市 동남)을 봉지로 받아, 그 후손이 그 지명을 성씨로 삼은 것이다.

⑥ 외족의 개성

　北朝 後魏의 代北 지역 복성이었던 莫胡盧氏가 中原으로 들어오면서 성을 陽씨로 하였다.

군망(郡望) : 隴西郡.

역사상 주요 인물

【陽膚】 춘추 魯, 曾子 제자.
【陽並】 서한말 上谷都尉.
【陽球】 북조 後魏 司隷校尉.
【陽休之】 북조 周 和州刺史.
【陽嶠】 당대 國子祭酒.
【陽城】 당대 諫議大夫.
【陽孝本】 북송 명사.

501
佟(Tóng): 동

 주로 遼寧 등 東北 지역에 분포함.

원류

① 인명에서 기원

夏나라 말기 太史 終이 夏桀의 무도함을 보고 商나라 湯王에게 투항하자, 그 자손들이 '終'자에서 '糸'를 제하고 '冬'씨로 하였다가 다시 '亻'변을 붙여 '佟'씨로 하였다.

② 외족의 개성

淸代 滿洲族 八旗 중에 佟佳氏가 있어 佟佳江(佟家江, 지금의 遼寧省 경내)에 살아 이 성씨를 얻게 되었으며, 뒤에 첫 글자를 취하여 '佟'씨로 하였다.

군망(郡望): 遼東郡.

역사상 주요 인물

【佟養正·佟養性】형제 모두 청초 명장.
【佟國器】청대 浙江巡撫.
【東毓秀】청대 甘肅巡撫.
【佟景文】청대 安徽布政使.

第五(Diwǔ): 제오

원류

ⓞ 원래 전성(田姓)에서 발원하였다. 西漢 초 高祖 劉邦이 각지 남아 있던 토호의 잔여 세력을 소탕하면서, 전국시대 六國 왕공 후예들 중 호족 10여만을 關中의 房陵(지금의 湖北 房縣)으로 이주시켰다. 그 때 齊(田姓)나라 귀족이었던 이들이 가장 숫자도 많았고 세력도 강하여, 그 문벌의 크기에 따라 第一부터 第八까지 순서로 성씨를 정하였다. 그 중 第五성의 일부만이 그대로 그 성을 사용해 왔으며, 나머지는 모두 '第'로 성을 바꾸었다.

군망(郡望): 隴西郡.

역사상 주요 인물

【第五倫】동한초 司空.
【第五元先】동한 학자.
【第五訪】동한 張掖太守.
【第五種】동한 兗州刺史.

【第五琦】당대 재상.
【第五峰】당대 台州刺史.
【第五居仁】원대 학자.

503
言(Yán): 언

 江蘇 등지에 비교적 널리 분포함.

원류

◎ 인명에서 유래되었다. 춘추시대 吳나라에 言偃(자는 子游)이라는 자가 있어 孔子의 제자가 되었다. 그 후손들이 그 조상의 이름 첫 자를 취하여 성씨로 삼은 것이다.

군망(郡望) : 汝南郡.

역사상 주요 인물

【言偃】 춘추 吳 현사, 공자 제자.
【言芳】 명대 廣平知府.
【言友恂】 청대 教諭.

504
福(Fú): 복

福 주로 福建省 등지에 분포함.

원류

① 강성姜姓에서 기원

춘추시대 제(姜姓)나라 공족대부 중에 福子丹이 있어, 그 후손들이 조상의 이름을 성으로 삼은 것이다.

② 외족의 개성

唐代 韓國 百濟에 福富順氏가 있었으며, 이들이 글자를 줄여 福氏라 한 것으로 百濟 8大姓의 하나이다.

③ 외성의 개성

明代 유명한 대신 福時는 본래 張福時로써 明 世宗의 勅書에 모두 이름만 사용하고 성씨를 사용하지 않아 福을 성씨로 바꾸었다 한다.

군망(郡望) : 百濟國.

역사상 주요 인물

【福時】명대 總兵, 總漕務.

百家姓續.

백가성은 계속 이어져 내려오고 있다.

부 록

◉ 부록 I

　※《백가성》에 등재되지 않은 주요 중국 성씨

◉ 부록 II

　※ 民國初 石印本《百家姓》인본

부록 I

◎《백가성》에 등재되지 않은 주요 중국 성씨
 (삼민본 부록을 번역 전재한 것임)

[001] 邦(Bāng) 방

인명에서 기원함. 춘추시대 공자 제자 邦選의 후손이 조상의 이름을 성씨로 삼은 것. 서한 초 漢 高祖 劉邦의 이름을 피휘하여 다른 성으로 고쳤다가 한 대 이후 일부 사람들이 본래의 성으로 환원함. 郡望은 代郡.

[002] 保(Bǎo) 보

관직 이름과 미성(芈姓)에서 기원함. 周나라 때 保章이라는 직책이 있어 천문관측의 일을 담당하였음. 그 후손이 조상의 관직 이름을 성씨로 삼아 보씨가 되었음. 다른 하나는 춘추시대 楚(미성)나라 공족에 역시 보씨가 있었음. 군망은 山陽郡.

[003] 補(Bǔ) 보

지명에서 기원함. 춘추시대 鄭나라 대부가 補邑(지금의 河南 滎陽)을 식읍으로 받아 그 자손이 땅 이름을 성씨로 삼음. 군망은 滎陽郡.

[004] 布(Bù) 포

인명에서 기원함. 전국시대 趙나라 布子라는 자가 있어 말에 대하여 뛰어난 식견을 가지고 있었음. 九卿에 임명되어 姑布子卿이라 불렸으며 그 자손이 '布'자를 성씨로 삼음. 군망은 江夏郡.

[005] 才(Cái) 재

고대 顓頊 高陽氏의 후예로 재능이 뛰어나 '才'자를 성씨로 얻었다 함.

[006] 藏(Cáng) 장

혹 'Zàng'으로도 읽으며, 歸藏氏에서 기원함. 남조 宋나라 때 《姓苑》에 이 성씨가 수록되어 있음.

[007] 纏(Chán) 전

漢代 이전에 나왔으며 기원은 자세히 알 수 없음. 군망은 京兆.

[008] 暢(Chàng) 창

姜姓에서 기원하였으며 춘추시대 제나라 공공의 후예 陸續에서 많은 성씨가 분화될 때 나온 성씨임. 군망은 河南·魏郡.

[009] 朝(Zhāo) 조

혹 'Cháo'로도 읽음. 商(殷)나라 말 대신 朝涉이라는 자가 있었으며 그 자손이 조상의 이름을 성씨로 삼은 것임. 그 외 춘추시대 宋나라 공족의 후예로 朝吳라는 자가 있어 그 후손이 이 이름을 성씨로 삼음.

부록 1147

군망은 汝南郡.

[010] 諶(chén) 심

인명에서 유래됨. 춘추시대 鄭나라 대부 비침(裨諶)의 후대가 조상의 이름을 성씨로 삼음. 諶은 《논어》에는 '침'으로 읽도록 되어 있음. 군망은 南昌郡.

[011] 遲(chí) 지

商나라 현신 遲任의 후손이 조상의 이름을 성씨로 삼은 것임. 그 외 춘추시대 공자 제자 樊須의 자가 子遲로써 그 지손 서손이 그 자를 성을 삼음. 그리고 북조 後魏 鮮卑族의 울지씨(尉遲氏)가 글자를 줄여 遲씨로 하였음. 군망은 太原郡.

[012] 崇(chóng) 숭

고대 崇國에서 기원함. 舜이 禹의 아버지 곤(鯀)을 崇(지금의 河南 崇縣 북쪽)에 봉하여 崇伯鯀이라 불렀음. 상말 崇侯虎가 周 文王에 맞섰다가 패하여 죽자 그 자손이 나라 이름을 성씨로 삼음. 군망은 京兆.

[013] 种(chóng) 충

周 宣王 때 대신 仲山甫의 후대가 仲氏를 성으로 삼았다가 뒤에 글자가 변하여 충(种)자로 표기하게 되었다 함. 그 외 전국시대 齊 威王의 공족대부 田种首가 있었으며 그 후손이 뒤에 조상의 이름에서 글자를 취하여 성씨로 삼음. 그 외에 漢代 羌族의 한 지파에 种羌이 있었으며 그 족인이 그 글자를 성씨로 삼음. 군망은 河南郡.

[014] 淳(Chún) 순

夏王 禹는 姒姓으로 그 후예 淳維가 있어 그 자손이 조상의 이름을 취하여 성씨로 삼음. 그 외 炎帝 神農氏(姜姓)의 후손이 西周 초 淳于(지금의 山東 安丘 동북)를 봉지로 받아 춘추시대 杞나라에게 망하자 그 유민이 나라 이름을 성씨로 하여 淳于氏와 淳氏 두 성으로 나뉘었음. 군망은 吳郡·河南.

[015] 叢(Cóng) 총

첫째, 제요 때 枝國이 있었으며 그 임금의 이름이 叢枝로서 나라가 망하자 그 유민이 나라 이름을 성씨로 삼음. 둘째, 西漢 때 흉노 休屠王 태자가 한나라에 귀순하자 김일제(金日磾)라는 성명을 하사받고 侍中의 직위에 올랐음. 그 후손이 지금의 山東 文登 叢家峴에 살면서 叢氏로 분화하였음. 군망은 許昌.

[016] 達(Dá) 달

顓頊 高陽氏에게 여덟 아들이 있어 '八愷'라 불렀으며 그 중 仲達과 叔達이 있었음. 그 후손이 조상의 이름을 취하여 성씨로 삼음. 군망은 代郡.

[017] 代(Dài) 대

첫째, 춘추 말 代國(翟國, 지금의 河北 蔚縣 동북)이 晉나라 권신 趙襄子에게 망하자 그 유민이 나라 이름을 성씨로 삼음. 둘째, 북조 後魏 鮮卑族의 乙弗氏가 자신들의 조상 이름이 代題라 하여 중원에 들어온 뒤 代자를 성씨로 삼음. 군망은 常山.

[018] 淡(Dàn) 담

서주 초 周公 旦의 지손 서자가 조상 旦의 이름을 성씨로 하여 旦氏라 하였다가 다시 '亻'방을 붙여 '但'자를 성씨로 함. 뒤에 음이 변하여 淡氏가 되었다 함. 그 외 明代 同州(지금의 陝西 大荔)의 일부 劉氏들이 간신 劉瑾과 동성이라는 것을 치욕으로 여겨 성씨를 淡성으로 개성함. 군망은 嚴陵.

[019] 邸(Dǐ) 저

첫째, 지명에서 기원함. 고대 中山郡에 邸縣(지금의 河北 중부 일대)에 있어 그곳에 살던 사람들이 지명을 성씨로 취함. 둘째, 西漢 때 大月氏 貴霜 王朝의 귀족으로 邸就郤이라는 자가 있어 공을 세워 翕侯에 봉해졌음. 그 후손이 中原에 살면서 성을 邸씨로 하였음. 군망은 河西, 中山郡.

[020] 豆(Dòu) 두

첫째, 춘추시대 楚(羋姓)나라 공족의 후예로 出豆氏가 있어 그 이름을 성씨로 삼음. 둘째, 北朝 後魏 선비족 豆盧氏와 赤小豆氏가 중원으로 들어오면서 성을 豆씨로 택함. 군망은 代郡·河南.

[021] 獨孤(Dúgū) 독고

東漢 光武帝(劉秀)의 후손 劉進伯이 渡遼將軍이 되어 匈奴 토벌에 나섰다가 실패하여 獨山(지금의 遼寧 海城 부근)에 갇혀 흉노인이 되었음. 뒤에 그 후손 시리선우(尸利單于)가 谷蠡王이 되어 獨孤部라 불렸음. 북조 後魏 때 이들이 中原으로 들어오면서 독고부 이름을 성씨로 삼았음. 군망은 高陽·高平.

[022] 藩(Fán) 번

서주 초 주 문왕의 15명 아들 중 高가 畢(지금의 陝西 咸陽 북쪽)에 봉을 받아 畢公高라 하였으며 종주국의 '藩邦'으로 역할을 다할 임무를 맡음. 그에 따라 지손 서손이 그 임무 藩자를 취하여 성씨로 삼음. 군망은 滎陽.

[023] 凡(Fán) 범

서주 초 周公 旦의 둘째 아들이 凡(지금의 河南 輝縣 서남) 땅을 봉지로 받아 凡伯이라 불렸음. 범나라가 망한 뒤 그 족인이 나라 이름을 성씨로 삼음. 군망은 河南.

[024] 苻(Fú) 부

pú로도 읽음. 有扈氏에서 기원함. 상고 유호씨의 한 지파가 서부 지역에 살아 氐族이라 불렸음. 魏晉시대 이들이 동쪽으로 이동, 關中으로 들어와 살면서 그 수령의 집 연못에 하루 저녁에 초대형의 蒲草(부들, 창포)가 자라나 기이하게 여겨 '蒲'자를 성씨로 삼았음. 동진 초 기후대 蒲洪이 부족을 이끌고 中原으로 진입하여 패권을 다툴 때 꿈에 신이 나타나 "草付當王"이라 하여 '付'자에 '艹'자를 더하라는 뜻으로 해석하여 '苻'자를 만들어 성을 고침. 뒤에 그 후손이 과연 前秦(苻堅)을 건국함. 군망은 河東.

[025] 甫(Fǔ) 보

첫째, 염제 신농씨의 후예 伯夷가 甫(지금의 河南 南陽 서쪽)에 봉을 받아 그 후손이 땅 이름을 성씨로 삼음. 둘째, 周나라 때 蔡國에 鄌鄉·鄌亭(지금의 河南 上蔡)이 있어 그곳에 거주하던 이들이 부(鄌)자를 성으로 삼았다가 뒤에 '阝'부를 제하고 甫로 성씨를 삼음. 셋째, 皇甫氏가 역시 일부 성을 줄여 甫씨로 성을 삼음. 군망은 新蔡.

[026] 剛(Gāng) 강

전국시대 齊나라 지명에 剛壽(지금의 山東 東平)라는 지명이 있어 그곳 주민들이 땅 이름을 성씨로 삼음. 군망은 馮翊.

[027] 庚(Gēng) 경

첫째, 商나라 왕 祖庚의 후손들이 조상의 이름을 성씨로 삼음. 둘째, 춘추시대 魯나라에 庚宗(지금의 山東 泗水 동쪽)이라는 지명이 있어 그곳 주민들이 땅 이름을 성씨로 삼음. 군망은 楚郡.

[028] 苟(Gǒu) 구

첫째, 황제 헌원씨의 25명 아들 중 九姓을 얻은 자가 있었음. 둘째, 有虞氏 舜임금의 후손으로 苟자를 성씨로 얻은 자가 있었음. 셋째, 北朝 後魏 鮮卑族의 일부 씨족들이 苟성을 취득하였음. 넷째 五代 敬성이 後晉 高祖 石敬瑭의 이름을 피휘하여 '敬'자를 파자하여 苟, 文 두 성으로 개성함. 군망은 河南, 河內, 西河.

[029] 辜(Gū) 고

咎씨, 赦씨, 譴씨 등과 함께 그 뜻을 살려 조상의 辜(과실)를 참회한 다는 뜻으로 辜자를 택하여 성으로 삼음. 그 외 南宋 명사이며 문학가인 辛棄疾이 죽고 가 아들이 핍박을 받자 둘째 아들이 지금의 江西 貴池로 피난하여 성을 辜로 고쳤다 함. 군망은 南昌.

[030] 官(Guān) 관

주나라 때 조정에 관직을 지낸 자의 자손이 자신의 집안을 영광스럽게 여겨 관자를 성씨로 택한 것이라 함. 군망은 東陽.

[031] 貴(Guì) 귀

첫째, 고대 전욱 고양씨의 후손 陸終의 후대에 귀씨가 있었음. 둘째, 春秋시대 楚(羋姓)나라 공족에 역시 귀씨가 있었음. 군망은 常山.

[032] 過(Guò) 과

고대 過國에서 기원함. 夏나라 대신 요(澆)가 공을 세워 過(지금의 山東 掖縣 북쪽)을 봉지로 받았으며 그 자손이 少康이 나라를 잃을 때 함께 망하여 나라 이름을 성씨로 삼음. 군망은 高平.

[033] 赫(Hè) 혁

첫째, 고대 제왕으로 赫胥氏가 있었으며 그 지손 서손이 '赫胥'를 성으로 삼았다가 뒤에 줄여서 赫자로 성씨를 삼음. 둘째, 淸代 滿洲族 八旗의 赫佳氏와 赫舍里氏, 赫葉勒氏가 혁자를 성으로 삼았고, 시버족(錫伯族)의 荷葉爾氏, 彝族의 俄母氏 등이 한족식 성을 취하면서 赫氏로 성을 삼음. 군망은 朔方.

[034] 黑(Hēi) 흑

첫째, 춘추시대 楚(羋姓)나라 共王의 아들 이름이 黑肱이었으며 그 자손 서손이 흑자를 성으로 삼음. 둘째, 춘추시대 宋(子姓)나라 공족에 黑자를 성씨로 삼은 자가 있었음. 군망은 滎陽·梁郡.

부록 1153

[035] 厚(Hòu) 후

周나라 때 魯(姬姓)나라 孝公의 아들 惠伯 革이 공을 세워 厚邑(지금의 江蘇 沈陽 북쪽)을 식읍으로 받아 厚叔成이라 불렀음. 그 후손이 땅 이름을 성씨로 삼음. 군망은 魯郡.

[036] 候(Hòu) 후

주나라 때 제후를 맞이하는 임무를 맡은 候官·候人 등의 관직이 있었음. 그 후손이 조상의 관직 이름을 성씨로 삼은 것임. 군망은 京兆.

[037] 呼(Hū) 호

첫째, 漢代 漢中郡에 유명한 점술가 呼子先이라는 이가 있었으며 그 후손이 조상의 이름을 성씨로 삼은 것임. 둘째, 北朝 때 흉노족의 呼延氏들이 중원으로 들어와 살면서 글자를 줄여 성씨를 呼씨로 하였음. 군망은 南昌.

[038] 虎(Hǔ) 호

고신씨에게 기원함. 고대 帝嚳 高辛氏의 여덟 아들을 八愷라 불렀으며 그 중 하나의 이름이 伯虎였음. 그 후손이 그 이름을 취하여 성씨로 삼음. 군망은 晉陽.

[039] 戶(Hù) 호

고대 夏나라 제후로써 昆吾國을 세운 有扈氏가 있었음. 그들이 나라를 잃자 扈氏로 하였다가 뒤에 '邑'을 제하고 戶씨로 함. 군망은 京兆.

[040] 化(Huà) 화

고대 黃帝 軒轅氏의 신하로 化狐(혹 化狄이라고도 함)라는 자가 있어 그 후손이 이름을 성으로 삼은 것임. 군망은 南越.

[041] 火(Huǒ) 화

고대 閼伯이 火正이 되어 불을 보관하는 일을 맡았음. 뒤에 이가 火神이 되자 그 후손이 관직 이름을 성으로 삼은 것임. 군망은 梁郡.

[042] 基(Jī) 기

元明 시기에 나왔으며 기원과 출처는 자세히 알 수 없음. 明 宣宗(朱瞻基)의 이름을 피휘하여 殿姓으로 바꾼 자도 있었다 함.

[043] 菅(Jiān) 관

춘추시대 魯(姬姓)나라 공족으로 菅邑(지금의 山東 金鄕과 成武 경계 지역)에 봉을 받은 자가 있어 그 후손이 땅 이름을 성씨로 함. 군망은 趙郡.

[044] 蹇(Jiǎn) 건

첫째, 태호 복희씨의 신하로 건수라는 자가 있어 그 후손이 조상의 이름을 성씨로 삼은 것임. 둘째, 춘추시대 진나라 재상 건숙의 후손이 조상의 이름을 성씨로 삼음. 군망은 襄陽.

[045] 降(Jiàng) 강

'Xiáng'으로도 읽음. 첫째, 顓頊 高陽氏의 여덟 아들 八愷 중 이름이

龐降이 있었으며 그 후손이 조상의 이름을 성씨로 삼음. 둘째 고대 降水 (지금의 河南 浚縣)에 살던 자들이 물 이름을 성씨로 삼음.

[046] 矯(Jiǎo) 교

춘추시대 晉나라 대부 교보(矯父)의 후손이 조상의 이름을 성씨로 삼음. 군망은 扶風.

[047] 揭(Jiē) 게

서한 武帝 때 관원의 이름이 定으로 일찍이 揭陽令을 지내어 揭陽定이라 불렀으며 뒤에 공을 세워 安道侯에 봉해졌음. 그 후손이 揭陽으로 성을 삼았다가 뒤에 줄여서 揭氏로 함. 군망은 豫章.

[048] 敬(Jìng) 경

첫째, 고대 황제 헌원씨의 손자 이름이 敬康이었으며 그 후손이 조상의 이름에서 취하여 성씨로 삼음. 둘째, 西周 초 舜임금의 후예가 陳나라에 봉해져 춘추시대 陳(嬀姓) 厲公의 공자 完이 난을 피하여 齊나라로 도망하여 田씨로 성을 바꿈. 이가 田完이며 시호는 敬仲. 그 후손이 제나라를 이어 田氏齊를 세움. 이에 그 자손이 시호 敬仲에서 '敬'자를 취하여 성씨로 삼음. 군망은 平陽.

[049] 靖(Jìng) 정

첫째, 주나라 초 姬姓의 제후국 선국(單國)의 임금 시호가 靖이었으며 單 靖公이라 불렀음. 이에 그 지손 서손이 시호를 성씨로 삼은 것임. 둘째, 전국시대 齊 威王의 막내아들 田嬰이 薛(지금의 山東 滕州 남쪽)에 봉을 받아 薛公이라 하였으며 일명 靖郭君이라고도 불렀음. 이에 그 지손 서손이 조상의 작위를 성씨로 삼아 靖氏과 郭氏 두 성이 생겨났음. 군망은 齊郡·中山.

[050] 巨(Jù) 거

'鉅'로도 표기하며 황제 헌원씨의 스승 이름이 封鉅였으며 그 후손이 그 이름을 취하여 성을 '鉅'로 하였다가 표기를 줄여 '巨'로 함. 한편 炎帝 神農氏의 후손으로 역시 巨자를 성으로 삼은 이가 있었다 함. 군망은 南昌.

[051] 開(Kāi) 개

첫째, 춘추시대 공자 제자 漆雕開의 후손이 조상의 이름에서 '開'자를 취하여 성씨로 삼음. 둘째, 춘추시대 衛(姬姓)나라 공족 공자 開方이 있었으며 그 후손이 이름을 취하여 성씨로 삼음. 셋째, 西漢 초 啓姓이 었던 사람이 漢 景帝 劉啓의 이름을 피휘하여 같은 뜻의 '開'자로 성을 고침. 군망은 隴西.

[052] 鄺(Kuàng) 광

고대 鄺國에 기원을 두고 있으며 나라가 망한 뒤 나라 이름을 성씨로 삼음. 군망은 廬江.

[053] 曠(Kuàng) 광

첫째, 춘추시대 진나라 유명한 악관 師曠의 후손이 조상의 이름을 취하여 성으로 삼음. 둘째, 고대 鄺國을 曠國이라고도 불렀으며 그 나라 이름이 성씨가 된 것임. 군망은 河東·京兆.

[054] 來(Lái) 래

商(殷)나라 왕족으로 郲(지금의 하남 滎陽 일대) 땅을 봉지로 받은 기가 있어 그 후손이 '郲'자에서 'ß'을 제하고 '來'자로 성씨를 삼은 것임. 군망은 南陽·平陽.

[055] 蘭(Lán) 란

첫째, 춘추시대 鄭(姬姓) 穆公이 태어나기 전 그 어머니의 꿈에 신인이 나타나 난초 한 송이를 주어 목공의 이름을 蘭이라 하였다 함. 이에 그 지손 서손이 조상의 이름을 성씨로 한 것임. 둘째, 춘추시대 楚나라 대부가 蘭邑(지금의 山東 棗莊市 동남)을 봉지로 받아 그 후손이 땅 이름을 성씨로 삼음. 셋째, 삼국시대 南匈奴의 4대 성씨 중에 蘭성이 있었으며, 북조 後魏 鮮卑族 烏洛蘭氏·烏蘭氏 등이 난씨성을 취득함. 그리고 元代 蒙古族 阿爾斯蘭氏 역시 蘭자를 성으로 택하였으며, 근대 裕固族 蘭恰克氏가 중국식 성씨로 蘭성을 택하였음. 지금 蘭자를 藍자로 쓰는 것은 간화자로 표기한 것이며 藍과 蘭은 그 姓源과 군망이 모두 달라 전혀 다른 성씨임. 군망은 中山.

[056] 梨(Lí) 리

배나무 이름에서 취한 것이며 李姓이나 桃姓과 그 得姓의 유래가 비슷함.

[057] 歷(Lì) 력

북방 이민족 狄歷部에서 기원하였다 함. 군망은 扶風.

[058] 栗(Lì) 률

고대 부락 수령으로 栗陸氏가 있었으며 그 후손이 그 이름에서 성씨를 취한 것임. 군망은 長安·江陵.

[059] 練(Liàn) 련

첫째, 고대 閩國의 관리가 그곳 練鄕(지금의 福建 福州市)을 식읍으로 받아 그 후손이 땅 이름을 성씨로 삼은 것임. 둘째, 唐代 명장 練何는 본성이 간(柬)이었으나 고구려를 정벌한 공로와 군사를 調練하는 임무를 맡아 '練'씨로 성을 바꾸었다 함. 군망은 河內.

[060] 梁(Liáng) 량

고대 곡물 이름 粱(기장, 서속, 高粱)에서 유래되었다 함.

[061] 樓(Lóu) 루

첫째, 하왕 少康이 禹임금의 후손을 杞(지금의 河南 杞縣)에 봉지를 주어 東樓公이라 불렀으며, 뒤에 이들이 婁(지금의 山東 諸城 근처)로 이주하여 역시 樓國(婁國)라 불렀음. 이 나라가 소멸되자 그 후손이 나라 이름을 성씨로 삼음. 둘째, 北朝 後魏 鮮卑族의 賀樓氏와 蓋樓氏가 성을 樓씨로 선택하였음. 군망은 東陽.

[062] 蘆(Lú) 로

첫째, 춘추시대 齊(姜姓) 桓公의 후손으로 蘆蒲로 성을 삼은 자가 있었으며 이 蘆蒲는 盧蒲로도 표기하여 蘆씨와 盧씨 두 성이 생겨 났음. 둘째, 北朝 後魏 鮮卑族 莫蘆氏가 中原으로 들어오면서 蘆씨를

부록 1159

성으로 삼음. 뒤에 이 '蘆'씨는 거의 '盧'씨로 표기를 바꾸었다 함. 군망은 河南.

[063] 彔(Lù) 록

'Lǔ'로도 읽음. 고대 顓頊 高陽氏의 스승으로 彔圖라는 이가 있었으며 그 후손이 그 이름 자를 취하여 성씨로 삼았다 함.

[064] 鹿(Lù) 록

첫째, 춘추시대 衛(姬姓)나라 공족으로 五鹿(지금의 河南 濮陽 북쪽)에 봉을 받은 자가 있어 땅 이름을 성씨로 삼았음. 둘째, 北朝 後魏 鮮卑族의 阿鹿桓氏와 阿鹿孤氏가 모두 鹿으로 성씨를 삼았음. 군망은 扶風·河南.

[065] 伶(Lún) 륜

고대 황제 헌원씨의 악사 伶倫의 후손이 조상의 이름을 성씨로 하였다 함. 군망은 京兆.

[066] 洛(Luò) 락

첫째, 고대 황제 헌원씨의 아들 禹陽의 후손이 夏나라 때 이르러 洛(지금의 河南 洛陽市)에 봉을 받았다가 하나라 말 商湯에게 망하자 그 유민이 나라 이름을 성으로 삼았음. 둘째, 炎帝 神農氏의 후예가 '落'을 성씨를 삼았다가 '艹'를 제하고 '洛'으로 표기하였다 함. 군망은 絳郡.

[067] 雒(Luò) 락

첫째, 舜임금의 신하로 雒陶가 있었으며 그 자손이 글자를 취하여 성씨로 삼음. 둘째, 周나라 때 지금의 河南 洛陽 동쪽 일대에 雒國이 있었으며 그 나라 사람들이 국명을 성씨로 삼았다 함. 셋째, 陝西 洛南 지역에 雒水가 있어 원래 이름은 洛水였으나 漢代 오행설에 의해 불(火)은 물(水)을 꺼린다 하여 雒水로 글자를 바꾸었으며 이에 따라 '洛'성이 '雒'성으로 표기를 바꾸었다 함. 군망은 河南.

[068] 買(Mǎi) 매

첫째, 춘추시대 宋(子姓)나라 공족으로 '買'자를 성씨로 삼은 이들이 있었다 함. 둘째, 춘추시대 거(莒)나라 悼公의 아들 密州의 아들 字가 매주서(買朱鋤)였으며 그 자손이 조상의 자를 성씨로 삼았다 함. 군망은 蜀郡.

[069] 麥(Mài) 맥

춘추시대 제 환공이 사냥을 나섰다가 麥丘山(지금의 山東 商河 서북)에 이르러 81세의 노인을 만나 축수를 받으며 좋은 말을 들어 그를 麥丘 老人이라 부르며 그곳을 봉지로 주었음. 뒤에 그 노인의 후대가 봉지 이름을 취하여 성씨로 삼았다 함. 군망은 *汝南*·*始興*.

[070] 美(Měi) 미

기원을 알 수 없으며 지금 한족 외에 시버족(錫伯族) 景頗族, 傣族 등 소수민족에 이 성씨가 있음.

[071] 門(Mén) 문

주나라 귀족 자제는 궁문에 들어설 때 반드시 詩書 六藝를 익힌 자들로 그들을 門子라 불렀음. 어떤 이가 그 영예를 위하여 '門'자를 성씨로 삼았다 함. 한편 北朝 後魏 鮮卑族의 吒門氏, 吐門氏, 庫門氏 등이 중원으로 들어오면서 '門'자를 성으로 택하였음. 군망은 河南·廬江.

[072] 妙(Miào) 묘

기원을 알 수 없으며 南朝 宋나라 사람이 편찬한 《姓苑》에는 이 성씨가 수록되어 있음.

[073] 母(Mǔ) 모

漢代 서남 구정국과 사천 봉안에 살던 사람들이 어머니의 정을 기려 '母'자를 성씨로 삼았다 함. 그러나 고대 母, 관(毌), 관구(毌丘) 등의 성씨의 자형이 비슷하여 '母'자로 바뀐 것이 아닌가 함. 군망은 蓬州.

[074] 木(Mù) 목

첫째, 춘추시대 宋(子姓)나라 공족 공금보(孔金父)의 자가 子木이었으며 그 후손이 조상의 자를 성씨로 삼음. 둘째, 춘추시대 衛나라 출신의 공자 제자 端木賜(子貢)가 있어 그 후손이 '端木'으로 성씨를 삼았다가 줄여서 '木'씨라 함. 재군망은 吳興.

[075] 南(Nán) 남

첫째, 서주 때 周 宣王의 장군 南仲의 후예가 조상의 이름을 성씨로 함. 둘째, 춘추시대 衛(姬姓) 靈公의 아들 郢의 자가 子南이었으며 그 지손 서손이 조상의 자를 성씨로 함. 셋째, 춘추 楚(芈姓) 莊王의 아들 追舒의 자가 子南이었으며 그 후손이 역시 조상의 자를 성씨로 하였다 함. 군망은 汝南.

[076] 粘(Nián) 점, 념

원래 女眞族에서 나왔으며 金元代 여진인의 복성 粘合, 粘罕 등이 뒤에 글자를 줄여 粘씨로 함. 군망은 潯陽.

[077] 區(ōu) 구

'Qū'로도 읽음. 첫째, 춘추시대 吳(姬姓)나라 명검 제조자 歐冶子가 있었으며 그 후손이 '歐冶'를 성씨로 하였다가 '歐'씨로 줄였으며 다시 '區'자로 표기를 간화하였다 함. 지금 광서와 광동 등지의 구씨는 이 후손임. 군망은 桂陽. 둘째, 춘추시대 魯(姬姓)나라 대부 區夫의 후손이 조상의 이름을 취하여 성씨로 삼았으며 지금 그 수가 미미하여 山西 등지에 약간 있음.

[078] 盤(Pán) 반

盤古氏에 기원을 두고 있음. 고대 반고씨는 천지개벽을 시작하여 인류의 조상이 되었으며 후인이 이를 기념하여 盤古氏, 혹은 盤氏로 성씨를 삼았다 함. 그 외 帝嚳 高辛氏 시대 남방에 살던 이들이 그곳 소수민족과 결합하여 자손을 낳아 반호(盤瓠)라 하였으며 그 후손이 盤자를 성씨로 하였다 함. 군망은 巴南.

[079] 泮(Pàn) 반

기원을 알 수 없으며 혹 복성 '泮官'에서 변한 것이 아닌가 함.

[080] 朴(Pǔ) 박

흔히 대륙에서는 'Piáo'로 읽으며 臺灣 등지에서는 'Pǔ'로 읽음. 첫째, 당나라 때 신라 사람들이 중국에 들어와 정착하면서 이 성씨가 퍼졌으며 한국의 3대 성씨임. 둘째, 東漢 때 巴郡(지금의 重慶) 7대 성씨로 朴氏가 있었음. 군망은 巴郡.

[081] 普(Pǔ) 보

鮮卑族에서 기원함. 北朝 後魏 때 皇族 拓跋氏가 성씨 제도를 漢式으로 바꿀 것을 강력히 추진하면서 황족은 元氏로 하고 그 외 10대 성을 형제에게 나누어 줄 때 이 普氏가 있었음. 군망은 河南·京兆.

[082] 漆(Qi) 칠

춘추시대 魯(姬姓)나라 공족대부로써 漆邑(지금의 山東 鄒縣 동북)에 봉하여 그 자손이 땅 이름을 성씨로 삼음. 군망은 靑州·北海.

[083] 亓(Qi) 기

周나라 때 亓官이라는 관직을 설치하여 궁중 閨閤의 사무를 보도록 하였음. 그 후손이 조상의 관직 이름을 성씨로 삼아 '亓官氏'라 하였다가 줄여서 '亓氏'라 함. 군망은 魯郡.

[084] 卿(Qing) 경

첫째, 西周 때 周 宣王의 신하로 仲山甫가 卿士가 되어 공을 세우자 그 후손이 조상의 벼슬 이름을 성씨로 삼았다 함. 둘째, 戰國시대 趙나라 虞卿의 후손이 역시 조상의 이름을 성씨로 삼았다 함. 셋째, 秦나라 말

項羽가 反秦 전투를 벌일 때 宋義가 卿子將軍이라는 명칭을 받아 이를 성씨로 삼았다 함. 군망은 渤海.

[085] 丘(Qiū) 구

邱姓에서 기원하였으며 청대 雍正 연간 나라에서 공자의 이름 孔丘의 이름을 피휘하도록 조서를 내려 모든 丘氏 성이 'ß'방을 붙여 邱씨로 하였다가 뒤에 이들이 본래 丘자를 회복하였음. 그러나 오늘날 邱씨보다 훨씬 그 수가 줄어들었음. 군망은 河南.

[086] 曲(Qū) 곡

첫째, 夏나라 말 대신 이름이 曲道였으며 그 후손이 조상의 이름을 취하여 곡씨라 함. 둘째, 춘추 초 晉 穆侯의 막내아들 成師가 曲沃(지금의 山西 聞喜동북)에 봉을 받아 그 지손 서손이 읍 이름을 성씨로 삼았다 함. 군망은 平陽·雁門.

[087] 渠(Qú) 거

서주 때 衛(姬姓)나라 개국 군주 衛 康叔의 후손 渠伯이 周 왕실의 大夫가 되자 그 지손 서손이 조상의 이름을 성씨로 삼음. 군망은 雁門.

[088] 仁(Rén) 인

주나라 때 周 文王(姬姓)의 후예 虔仁이 있었으며 그 후손이 虔仁氏로 성을 삼았다가 虔氏와 仁氏 두 성이 생겨났음. 군망은 彭城.

[089] 僧(sēng) 승

기원을 알 수 없음. 다만 남북조 때 불교가 성행하면서 서역으로부터 승려들이 중원으로 들어와 포교하였으며 이들을 僧이라 불렀음. 그와 연관이 있는 성씨로 여기고 있음.

[090] 聖(shèng) 성

첫째, 고대 女媧氏 때 樂師 이름이 '聖'이었으며 그 후손이 조상의 이름을 성씨로 삼았음. 둘째, 전욱 고양씨의 아들로 시호가 '聖'이었던 자가 있어 그 후대가 조상의 시호를 성씨로 삼음. 셋째, 宋(子姓)나라를 세운 微子 啓의 지손 서손이 뒤에 '聖'자를 성씨로 삼았다 함. 군망은 汝南・丹陽.

[091] 稅(shuì) 세

고대 稅國(지금의 四川 중부)이라는 나라가 있었으며, 그 나라 사람들이 나라 이름을 성씨로 삼았다 함. 군망은 河間.

[092] 粟(sù) 속

관직 이름에서 유래되었음. 西漢 중기 搜粟都尉라는 관직이 있어 식량을 징수하고 보관, 운송하는 임무를 맡았음. 뒤에 그 자손이 조상의 관직 이름을 성씨로 삼은 것임. 군망은 江陵.

[093] 隨(suí) 수

첫째, 고대 女媧氏시대 樂師 이름이 '隨'였으며 그 후손이 이를 성씨로 삼은 것임. 둘째, 주나라 때 왕족을 隨(지금의 湖北 隨州市)에 종하여 이 나라가 춘추시대 楚나라에게 망하자 그 유민이 나라 이름을 성씨로 삼음. 셋째, 춘추시대 고대 陶唐氏의 후손 士會를 진나라 대부로 임명하여 隨邑(지금의 山西 介休)에 봉하여 그 지손 서손이 땅 이름을 성씨로 삼은 것임. 隋나라 때 이들은 모두 나라 이름 '隋'자를 따라 표기를 고쳤으며 지금 隋姓의 주체가 되었음. 군망은 淸河·河南.

[094] 隋(Suí) 수

隨姓에서 비롯되었음. 北齊의 隨國公 楊堅이 나라를 세워 隨라 하였으나 그 뜻이 고정성이 없어 '辶'를 제하고 '隋'자로 만들자 당시 隨씨들도 이 표기를 따랐음. 한편 명나라 때 麓川(지금의 雲南 騰衝 일대) 토착민들이 한족 성을 취하면서 '隋'자를 택하였음. 군망은 淸河.

[095] 臺(Tái) 대

첫째, 少昊 金天氏의 후손으로 이름이 臺駘라는 자가 있어 그 후손이 이름에서 성을 취하여 臺, 駘 두 성씨가 생겼으며, 駘씨는 뒤에 '馬'자를 제거하고 '台'로 성을 고쳐 표기하였음. 이들의 군망은 平盧임. 둘째, '台'로 표기하는 경우, 이는 有台氏에서 기원하였으며 周나라 시조 后稷(姬棄)의 어머니 姜嫄이 유태씨 출신이었음. 이들의 군망은 武功임. 셋째, '台'로 표기하되 'Yí'로 읽을 경우, 이는 묵이씨(墨台氏)에서 나왔으며 줄여서 이씨(台氏)라 함. 이들의 군망은 安平임.

[096] 覃(Tán) 담

'Qín' 혹은 'Xún'으로도 읽음. 첫째, 'Tán'으로 읽을 경우, 譚姓에서 나왔으며 서한 초 譚성의 인물이 韓信과 아주 가까웠으나 한신이 피살되자 화를 면하기 위하여 도망하면서 성씨에서 '言'부를 제하고 '覃'씨로 하였다 함. 둘째, 'Xún'으로 읽을 경우, 이는 漢代 長江 이남 및 巴蜀

부록 1167

일대에 살던 蠻族에서 나왔음. 'Qín'으로 읽을 경우, 소수민족 僮族, 侗族에서 나왔으며 주로 광동과 광서 등지의 담성으로 원래 'Tán'으로 읽었으나 뒤에 'Qín'으로 발음이 바뀌었다 함. 지금 廣西 지역에는 이들 覃姓이 가장 집중적으로 분포함. 군망은 齊郡.

[097] 潭(Tán) 담

漢代 武陵(지금의 湖北 竹山)에 살던 蠻族을 武陵蠻이라 하였으며, 그들 중에 이 담성이 많았음. 그 외 혹 譚姓에서 변하여 나온 성씨라고도 함. 군망은 武陵.

[098] 檀(Tán) 단

첫째, 西周 초 공신 達이 단(지금의 河南 沁陽)에 봉을 받아 檀伯達이라 불렸음. 그 檀國이 소멸되자 유민이 나라 이름을 성씨로 함. 둘째, 춘추시대 제나라 대부가 檀城(지금의 山東 兗州 북쪽)을 식읍으로 받아 그 후손이 땅 이름을 성씨로 하였다 함. 군망은 淸河・平盧・高平.

[099] 騰(Téng) 등

원래 滕씨에서 비롯되었으며 뒤에 난을 피하여 글자를 '騰'자로 바꾸었다 함. 군망은 開封.

[100] 鐵(Tiě) 철

商(子姓)나라 湯王의 지손이 鐵(지금의 河南 濮陽 북쪽)에 봉을 받아 그 자손이 땅 이름을 성씨로 삼은 것임. 군망은 淮南.

[101] 仝(Tóng) 동

첫째, 商(子姓)나라 때 商王의 지손 서손의 제후국 동(郮)나라(지금의 陝西 大荔)가 있었음. 그 후손이 나라 이름을 성씨로 하였다가 뒤에 '阝'부를 제하고 '同'자로 성씨를 삼았음. 둘째, 周나라 때 악관 典同의 후손이 조상의 이름에서 同자를 취하여 성씨로 하였음. 同성은 속자들 '仝'자로 써서 그 때문에 同성에서 분화되어 仝성이 생겨난 것임. 군망은 渤海.

[102] 問(Wèn) 문

고대 복성 問弓氏와 問薪氏 등이 글자를 줄여 問씨가 된 것임. 군망은 襄陽.

[103] 五(Wǔ) 오

黃帝의 신하로 五聖이라는 자가 있어 그 후손이 조상의 이름을 성씨로 삼은 것임. 그 외 伍씨 중 어떤 이가 난을 피하여 '亻'을 제하고 '五'자를 써서 성씨로 삼았다고도 함. 군망은 始興.

[104] 先(Xiān) 선

춘추시대 晉나라 대부 隰叔이 공을 세워 先邑에 봉을 받아 그 후손이 봉지 이름을 성씨로 삼은 것임. 군망은 河東.

[105] 鮮(Xiān) 선

첫째, 商(子姓)나라 말 왕족 箕子가 난을 피하여 朝鮮으로 가자 그 후손이 '鮮'자를 성씨로 삼았다고 함. 둘째, '鮮于'의 복성이 뒤에 글자를 줄여 '鮮'씨가 되었다고 함. 군망은 南安.

[106] 冼(Shěng) 승

晉나라 때 高涼蠻에서 나왔으며 高涼의 대성으로 발전함. 지금 주로 廣東과 海南島 등지에 분포함. 군망은 南海.

[107] 頡(Xié) 힐

황제의 사관 蒼頡(倉頡)의 후손이 조상의 이름을 취하여 성씨로 삼음. 그 외 춘추시대 鄭나라에 羽頡이라는 자가 있었으며 그 후손이 이를 성씨로 삼았다고 함. 군망은 馮翊.

[108] 忻(Xīn) 흔

근원과 유래를 자세히 알 수 없음. 그러나 唐代 편찬된 《元和姓纂》에 이미 이 성씨가 등재되어 있음. 군망은 天水.

[109] 信(Xìn) 신

전국 후기 魏(姬姓)날 공자 無忌의 호가 信陵君이었으며 그 지손 서손이 그 호를 성씨로 삼아 信씨가 생겨났음. 군망은 魏郡.

[110] 修(Xiū) 수

少昊 金天氏의 아들 이름이 '修'였으며 그 후손이 조상의 이름을 성씨로 삼았다 함. 군망은 臨川.

[111] 續(Xù) 속

첫째, 순임금의 七友 중에 이름이 續牙라는 자가 있었으며 그 후손이 그 이름에서 성씨를 취하였다 함. 둘째, 춘추시대 晉나라 대부 狐鞠이 續邑(지금의 山西 夏縣)을 식읍으로 받아 그 자손이 땅 이름을 성씨로 하였다 함. 군망은 河東·襄陽·雁門.

[112] 牙(Yá) 아

첫째, 서주 초 齊(姜姓)나라 개국 군주 姜尙(呂尙, 姜太公)의 자가 子牙였으며 그 지손 서손이 조상의 자를 취하여 성씨로 삼았다 함. 둘째, 周 穆王 때 大司徒를 지낸 관리 이름이 君牙였으며 그 후손이 역시 그 이름에서 성씨를 취하였다 함. 군망은 京兆.

[113] 揚(Yáng) 양

周(姬姓) 幽王 때 周 宣王의 아들 尙을 揚(지금이 山西 洪洞)에 봉하여 揚侯라 불렀음. 춘추시대 이 揚國이 晉나라에게 망하자 그 유족이 나라 이름을 성씨로 삼았음. 군망은 天水.

[114] 幺(Yāo) 요

'Mǒ'로 읽을 경우, 그 기원을 알 수 없음. 그러나 남조 宋나라 때 편찬된 《姓苑》에 이 성씨라 수록되어 있음. 그 외 이 '幺'자는 의당 '幼'로 표기하여야 하며 '幺'는 속자임.

[115] 藥(Yào) 약

'Yuè'로도 읽으며 첫째, 炎帝 神農氏(姜姓)의 후손으로 '藥'을 성씨로 삼은 자가 있었다 함. 둘째, 漢代 巴蠻과 唐代 突厥人, 그리고 吐蕃(티베트)인과 沙陀人, 및 西夏의 党項人 등에 藥성이 있음. 군망은 河南·河內.

[116] 衣(Yī) 의

서주 초 商(子姓) 왕족의 한 지파 殷民이 齊나라에 이주하자 그곳 사람들이 '殷'과 '衣'의 발음을 구분하지 못하자 은민이 '衣'로 성씨를 삼았다 함. 군망은 河南.

[117] 屎(Yī) 의

기원을 알 수 없음. 남조의 여러 사서에 이미 이 '屎'성이 보이고 있음.

[118] 奕(Yì) 혁

서주 초 周 武王이 자신의 할아버지 太王 古公亶父의 첫째 아들 泰伯의 증손 仲奕을 閻鄕에 봉하였음. 춘추시대 이 나라가 晉나라에게 망하자 그 후손이 조상의 이름을 취하여 성씨로 함. '弈'으로도 표기함.

[119] 銀(Yín) 은

한나라 때 이미 이 성이 있었으나 그 기원을 알 수 없음. 한편 金代 女眞族 完顔部 출신의 銀尤可가 山西를 지키면서 그 자손이 그곳에 정착하여 銀씨 성을 가짐. 군망은 西河.

[120] 由(Yóu) 유

첫째, 춘추시대 秦나라 재상 戎族 지역에 살던 由余가 재상이 되었으며 그 후손이 그 이름에서 글자를 취하여 성씨로 삼음. 둘째, 춘추시대 楚나라 왕손 由子의 후손이 조상의 이름을 성씨로 삼았다 함. 셋째, 춘추시대 초나라 대부로 활의 명수였던 養由基의 후손이 由자를 성씨로 하였다 함. 군망은 長沙.

[121] 油(Yóu) 유

기원과 유래를 알 수 없음. 그러나 唐代 이미 이 '油'성의 이름이 사서에 보임.

[122] 宇(Yǔ) 우

첫째, 周나라 때 周 宣王의 외삼촌 申伯은 姜姓으로 周나라 卿士였음. 그 후손이 번성하여 일부가 '宇'자를 성씨로 하였다 함. 둘째, 北朝 後魏 鮮卑族의 복성 宇文氏가 글자를 줄여 宇자를 성씨로 하였다 함. 군망은 河南.

[123] 原(Yuán) 원

첫째, 서주 초 周 文王(姬昌)의 16째 아들 受가 原(지금의 河南 濟源 서북)에 봉을 받아 原伯이라 하였음. 춘추시대 이 나라가 晉나라에게 병탄되자 그 유민이 나라 이름을 성씨로 함. 둘째, 춘추시대 晉나라가 原國을 병탄한 뒤 공신 先軫을 이곳에 봉하여 原軫이라 불렀음. 그 후손이 조상의 봉지 이름을 성씨로 함. 군망은 東平.

[124] 苑(Yuàn) 원

商(銀)나라 왕 武丁(高宗)의 아들 이름이 文이었으며 이를 苑(지금의 河南 新鄭 동북)에 봉하여 苑侯라 불렀음. 그 후손이 조상의 작위를 성씨로 삼았음. 군망은 范陽.

[125] 員(Yùn) 원

첫째, 춘추시대 楚(芈姓)나라 공족으로 이름이 伍員(伍子胥의 아버지)이 있었으며 그 서손 지손이 그 이름에서 취하여 員자를 성씨로 함. 둘째, 南朝 宋나라 장수 劉凝이 後魏를 도망하면서 오원의 사람됨을 사모하여 성을 員으로 고쳤다고 함. 군망은 天水.

[126] 惲(Yùn) 운

첫째, 춘추시대 楚(芈姓) 成王 熊惲의 서손 지손이 뒤에 조상의 이름에서 성씨를 취하였다 함. 둘째, 西漢 때 관원 楊惲이 피살되자 그 자손이 화를 면하고자 성을 惲으로 바꾸었다 함. 군망은 鄱陽.

[127] 造(Zào) 조

周 穆王 때 신하 조보(趙父)가 팔준마를 몰아 말에 대하여 이름이 알려지자 그 후손이 조상의 이름에서 글자를 취하여 성씨로 삼았다 함. 군망은 京兆.

[128] 占(Zhān) 점

춘추시대 陳(嬀姓)나라 공자 完이 齊나라로 도망하여 그 裔孫 書의 이름이 子占이었으며 이에 그 후대가 조상의 자를 성씨로 하였다 함. 군망은 陳留.

[129] 展(zhǎn) 전

첫째, 춘추시대 展國(지금의 河南 許昌 북쪽)이 있었으며 그 나라가 소멸하자 유민들이 나라 이름을 성씨로 하였다 함. 둘째, 춘추시대 魯(姬姓)나라 孝公의 아들이 子展이었으며 그 예손 無亥가 魯 隱公 때 司空이 되어 이름이 날리자 그 후손이 조상의 자를 성씨로 하였다 함. 셋째, 北朝 後魏 鮮卑族의 복성 輾遲氏가 孝文帝를 따라 中原으로 들어온 뒤 성을 展으로 택하였음. 군망은 河東.

[130] 戰(zhàn) 전

전국 초 滕나라 文公의 신하로 畢姓의 畢戰이 있었으며, 그 후손이 조상의 이름을 성씨로 삼았음. 군망은 河南.

[131] 招(zhāo) 초

첫째, 춘추시대 陳(嬀姓)나라 陳侯의 아우 招가 권력 투쟁에 말려들었다가 실패하자 越나라로 도망하여 정착함. 뒤에 그 후손들이 조상의 이름을 성씨로 삼음. 군망은 南海.

[132] 折(zhé) 절

첫째, 춘추시대 齊나라 대부 折文子의 아들이 조상의 이름을 취하여 성씨로 삼았다 함. 둘째, 漢나라 武威太守 張江이 折侯(지금의 山東 諸城 서남)로 봉해지자 그 증손 國이 조상의 봉지 이름을 성씨로 삼았다 함. 군망은 河西 · 西河.

[133] 植(zhí) 식

첫째, 夏나라 禹(姒姓)의 지손이 會稽(지금의 浙江 紹興)를 봉지로 받아 越나라를 건국함. 그 월왕의 후손 중에 '植'자를 성씨로 택한 자가 있었다 함. 둘째, 남북조 때 天竺(지금의 인도)에서 中原으로 옮겨와 정착한 사람들 중에 '植'자를 성씨로 한 이들이 있었음. 군망은 南海.

[134] 智(zhì) 지

춘추시대 齊나라 대부 荀林의 아우 荀首가 知邑에 봉을 받았으며 고대 '知'와 '智'는 통용자(知伯을 智伯으로도 표기함)로써 이에 따라 그 후손이 '智'자를 성씨로 삼았음. 군망은 天水·河東.

[135] 中(zhōng) 중

첫째, 周나라 때 중모보(中旄父)라는 이가 있어 그 후손이 조상의 이름을 성씨로 삼음. 둘째, 전국시대 魏나라가 中山國을 병탄하고 公子 年의 아들 尙을 그곳에 봉하여 中尙이라 불렀음. 그 후손이 조상의 봉지 이름을 성씨로 삼았음. 군망은 太原.

[136] 竹(zhú) 죽

첫째, 西周 초 孤竹國의 왕자 伯夷와 叔齊가 周나라에 들어와 주나라가 의롭지 못하다 여겨 首陽山에 들어가 고사리를 캐 먹으며 절의를 지켰다 함. 이에 그 후대가 고죽국의 나라 이름에서 취하여 성씨를 삼음. 둘째, 漢나라 때 西南의 夜郎國 임금이 竹林에 거주하여 '竹'자를 성씨로 삼았다 함. 군망은 東海.

[137] 住(zhù) 주

원래 庫住氏의 복성이 글자를 줄여 표기한 것으로 보이며 南朝 때 史書에 이미 이 성씨가 보이고 있음. 군망은 河南.

[138] 佐(Zuǒ) 좌

기원과 유래를 자세히 알 수 없으나 明代 이미 이 성씨가 史書에 보임.

福家奴徐溫嘗造腫福見而異之求為養子乃冒姓徐名知誥後改

錢孚 錢鏐第二十八子曰孚為周錢府上士因去竹而稱錢㝏受姓之始

劉繼元 北漢主何北漢世祖女為晉護聖營卒

薛繼元 北漢主劉鈞妻生子繼恩劉鈞傷其妻卽自裁後改適何氏復生子繼元而何與妻皆卒世祖以孝和帝使

養繼恩繼元冒姓劉氏孝和祖繼恩嗣才六十餘日為霸榮弑又改立繼元

劉繼恩 北漢主本姓薛

劉繼業 本姓楊名重貴重勳兄幼事北漢世祖遂賜姓劉氏賜名繼業

漢興濟北王田安失國齊人謂之王家因以為氏

夏侯嬰曾孫頗尚公主主隨外家姓號孫公主故螣公子孫更為孫氏

周陽由 其父趙兼以淮南王舅侯周陽故因氏焉

麻姑 卽王方平之妹嘗降蔡經家經以姑爪長可治背癢方平鞭之曰姑神人也何敢乃爾

伯牙 姓俞氏善鼓琴
壺關三老 白夫人劇死姓令狐名茂

陸其羽可用為儀因姓陸名羽號鴻漸品天下名泉
著茶經又著毀茶論
徐偃王　徐國君宮人有孕生一卵棄之有大鶴鴝銜
卵歸母復煖之生兒取為己子是為偃王
孟明視　秦將百里奚子
灌夫　字仲孺父張孟為灌嬰舍人得幸故蒙灌姓夫
喜任俠使酒罵坐
酒禿　姓高氏名元寂葉家祝髮博極羣書脫略跌宕
無日不醉醉則歌道中曰酒禿酒禿何辱但見
衣冠成古邱不見江湖陵谷後醉死石子岡
揚雄　揚雄自序手易別為一卷今皆謬為木易豈不
考耶
字文　南單于之後因獵得玉璽其俗謂天為宇璽為
文遂以為姓
五鹿充宗　居五鹿因以為姓其先本齊田氏
慕容　東北夷徙遼西為鮮卑至涉歸為單于自云慕
二儀之德繼三光之容為慕容氏也
獨孤　其先本劉氏至後魏在北有三十六姓獨劉不
與因氏為獨孤
浮邱伯　姓李氏居嵩山作原道歌和鶴經
王喬　周靈王太子晉也好吹笙作鳳鳴乘白鶴揮手
謝時人數日方去
釋迦　初姓剎利名悉達后捨閒修行受姓瞿曇王
種也本臨猊國王之子祖名摩耶父名屑頭耶母名
莫耶剖右脅而生娶妻名耶轉陀生一子名摩侯羅
離家修道十二年復歸本國妻子散居行教四十九
年沒年八十一歲　一云姓釋氏故世之師其教者
皆謂之釋
東方朔　生三日而父母俱亡或得之而不知其姓以
見時東方始明因以姓既長常望空中語後遊鴻濛
之澤有老母採桑自言朝母一黃眉翁至指朝曰此
我兒吾卻食伏氣三千年一反骨洗髓二千年一剝
皮伐毛吾已三洗髓五伐毛矣
西王母　姓何氏字婉衿一號太虛九光龜母也
李昇　南唐烈祖昇本潘氏湖州安吉人父為安吉砦
將嘗因淮將李神福侵吳與　潘氏而去昇遂為神

姓氏考略

清 秀水陳廷煒昭遠著

伊尹 伊尹力牧之後生於空桑 又呂氏春秋云有
侁女採得嬰兒於空桑後居伊水命曰伊尹正也謂
湯使之正天下故曰尹

接輿 姓陸氏名通

易牙 姓雍氏名巫能辨淄澠之水齊桓夜半不嫌易
牙調五味而食之至旦不覺嘿不喜食也

介子推 姓王氏名光從晉文出亡歸臨縣山

計然 卽辛研也號漁父嘗曰越王烏啄狠步可與同
患難而不可與同安樂遂去越

赤松子 姓黃氏名初平牧羊遇一道士隨入山得
道家人求得之問羊何在指白石叱之皆起成羊

魯班 卽黃初平兄赤得仙術又號公輸子性巧
極作飛鳶攻城之具近世效之

呂公 漢高后父魏人名文字權平善相人

角里先生 姓周氏名術字元通又號霸上先生河內
軹人太伯之後與東園公等稱四皓輔漢孝惠高帝

曰羽翼成矣

東園公 姓唐氏字宣明居園中因以爲號
云姓韋氏名庚字宣明又云轅秉襄邑人

曰夏黃公 姓崔氏名廣字少通齊人隱居夏里修道故
曰夏黃公

綺里季 姓朱氏名暉

甪里子 姓嬴氏名疾秦惠王之弟也秦人號曰智囊
其里有樗樹故號曰甪里子

陸羽 生大樹下釋氏牧養之及長自筮姓名得鴻漸子

羊舌大夫 晉大夫叔向時攘羊者以羊遺向母埋之
事發檢羊惟舌存國人異之遂以羊舌大夫稱之

文中子 姓王氏名通書列諸子中

翳桑餓人 史記餓人示眯明也注音爲祈彌卽提彌
明 左傳云是靈輒提彌明喉獒者也

伯樂 姓孫氏名陽善識馬 韓文云伯樂一顧而冀
北之馬羣遂空

扁鵲 姓秦氏名越人少時爲人舍長善醫

鬼谷子 姓王氏名詡受道老子居清溪之鬼谷因號

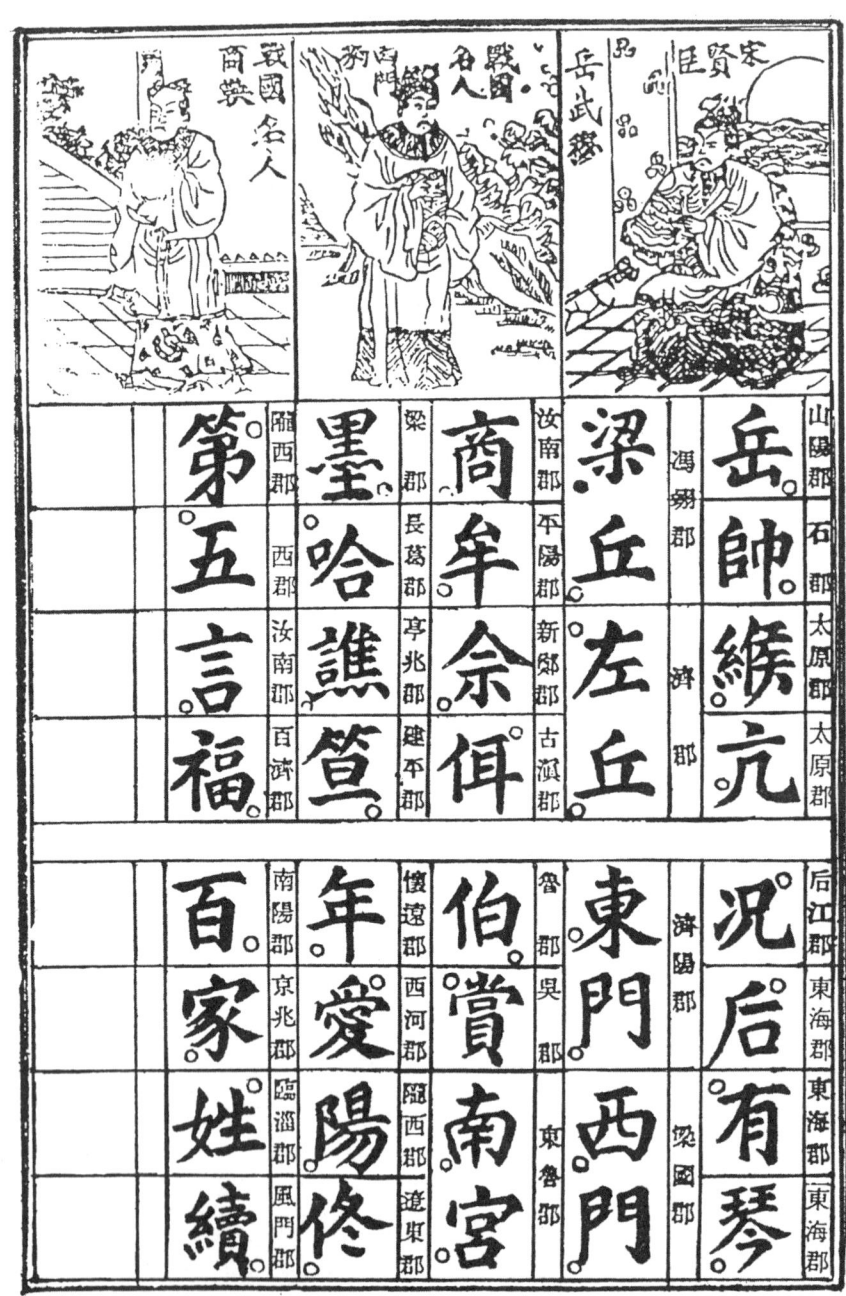

	第五言福。	隴西郡 西河郡 汝南郡 百濟郡 墨哈譙笪。	梁郡 長葛郡 亭兆郡 礦平郡 商牟佘佴。	汝南郡 平陽郡 新鄭郡 古滇郡 梁丘左丘	馮翊郡 淯陽郡 岳帥。繚亢。	山陰郡 石郡 太原郡 太原郡	
	南陽郡 京兆郡 臨淄郡 風門郡 百家姓續	懷遠郡 西河郡 隴西郡 遼東郡 年愛陽佟	魯郡 吳郡 東魯郡 伯賞南宮	淯陽郡 梁國郡 東魯郡 東門西門	后江郡 東海郡 東海郡 東海郡 況后有琴		

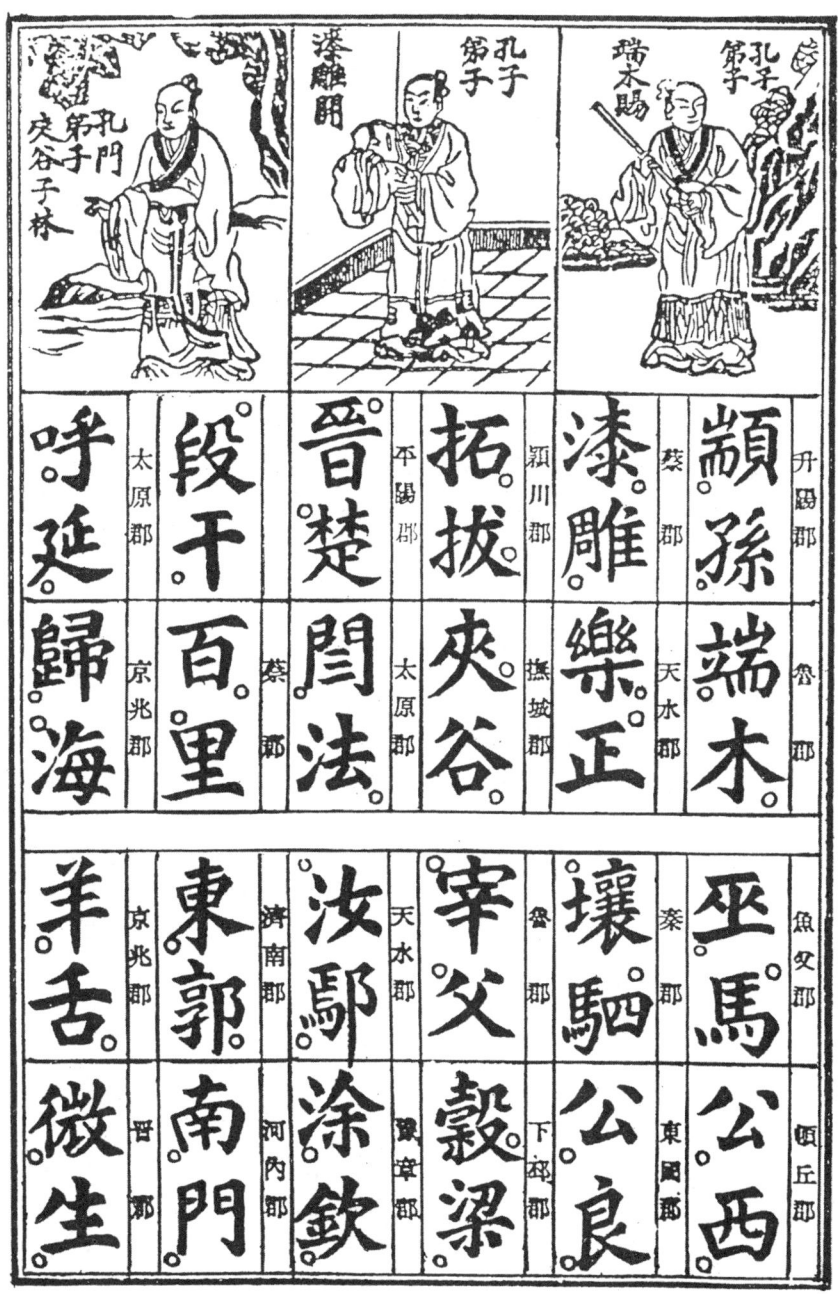

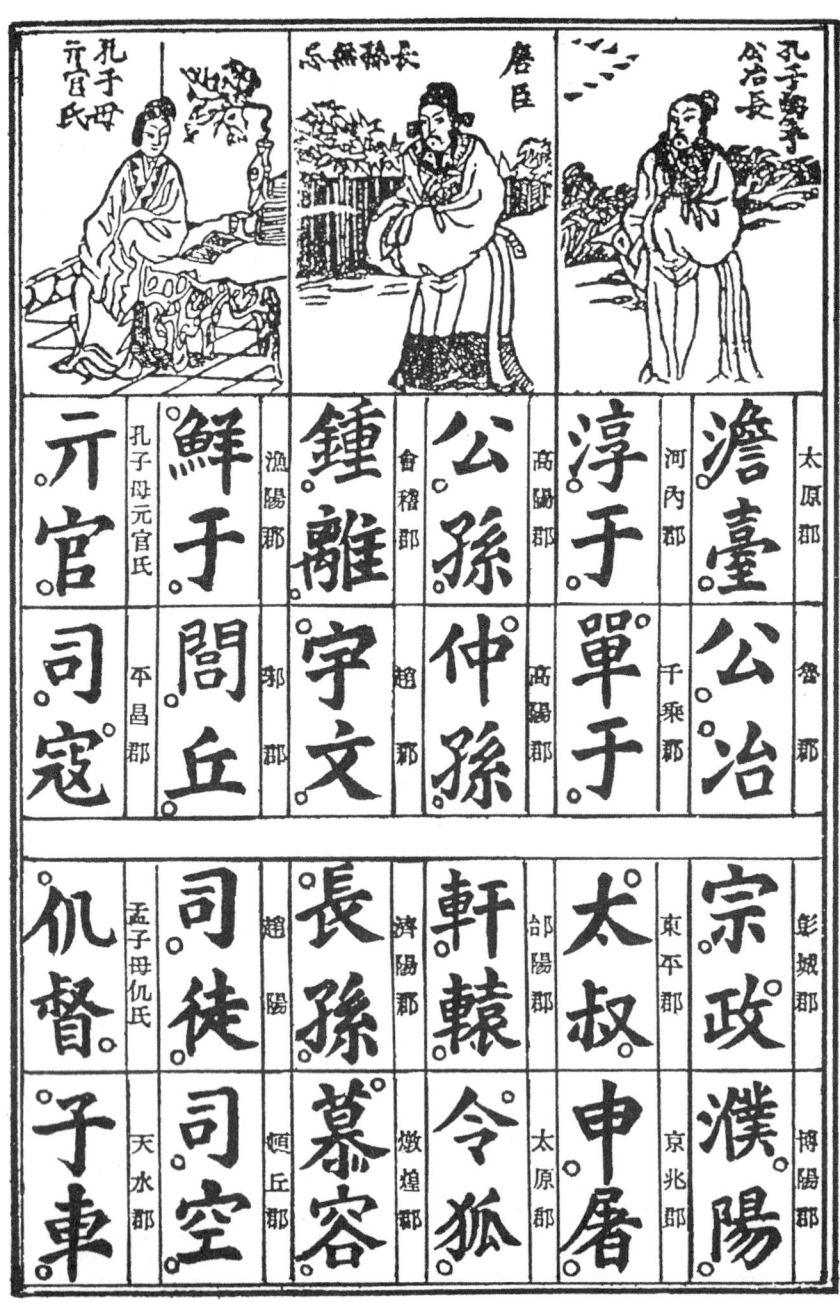

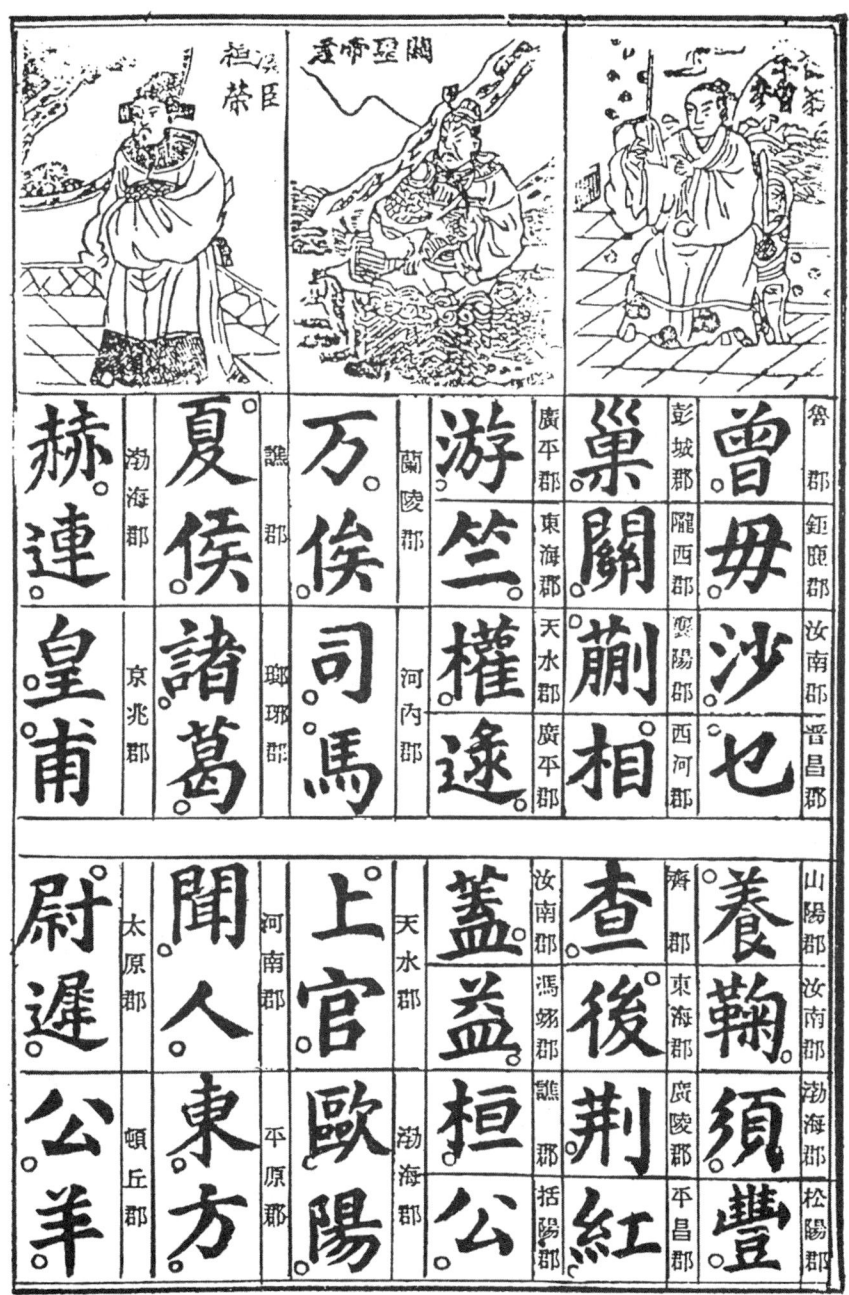

魯郡 鉅鹿郡 汝南郡 晉昌郡	彭城郡 隴西郡 雲陽郡 西河郡	廣平郡 東海郡 天水郡 廣平郡	蘭陵郡 河內郡	譙郡 琅邪郡	渤海郡 京兆郡
曾母沙巳	巢關蔄相	游竺權逯	万俟司馬	夏侯諸葛	赫連皇甫

山陽郡 汝南郡 渤海郡 松陽郡	齊郡 東海郡 廬陵郡 平昌郡	汝南郡 馮翊郡 譙郡 括陽郡	天水郡 渤海郡	河南郡 平原郡	太原郡 頓丘郡
養鞠須豐	查後荊紅	蓋益桓公	上官歐陽	聞人東方	尉遲公羊

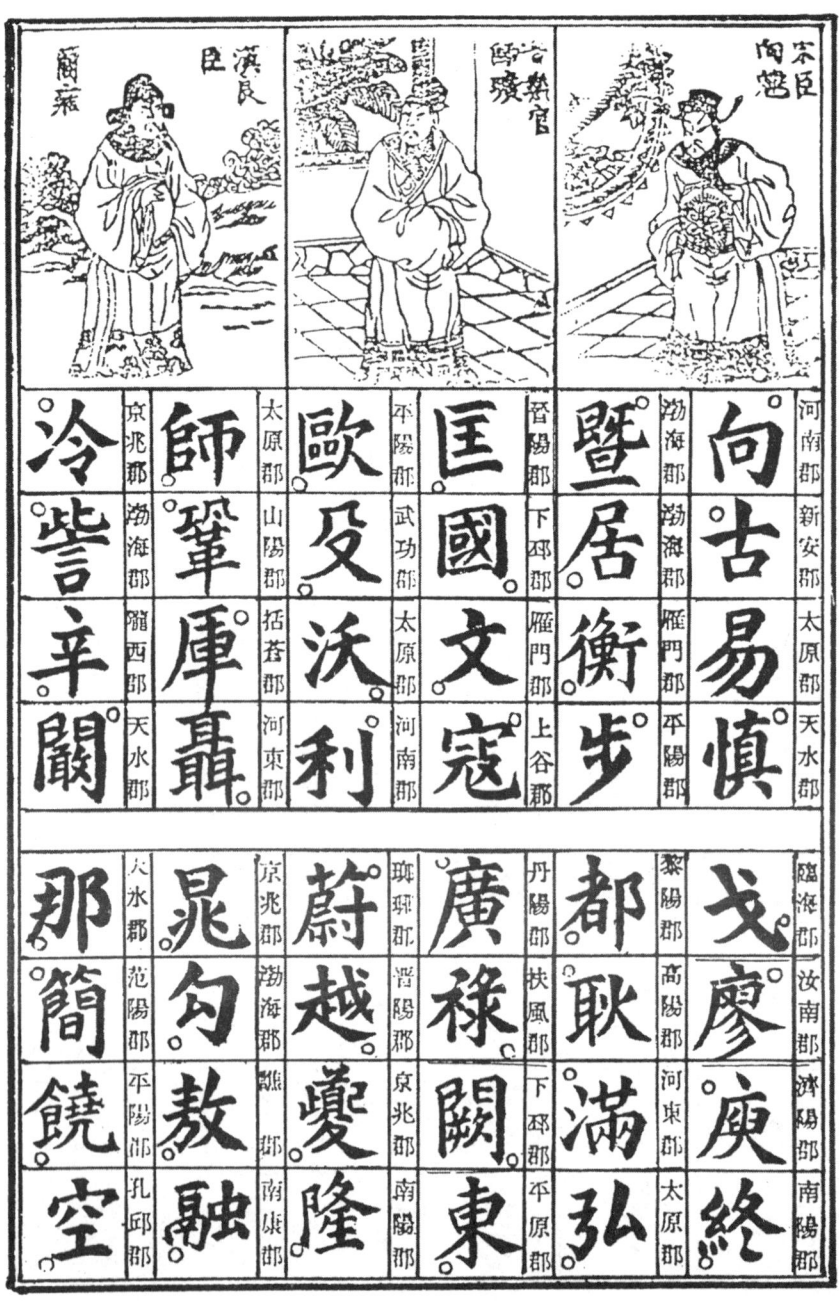

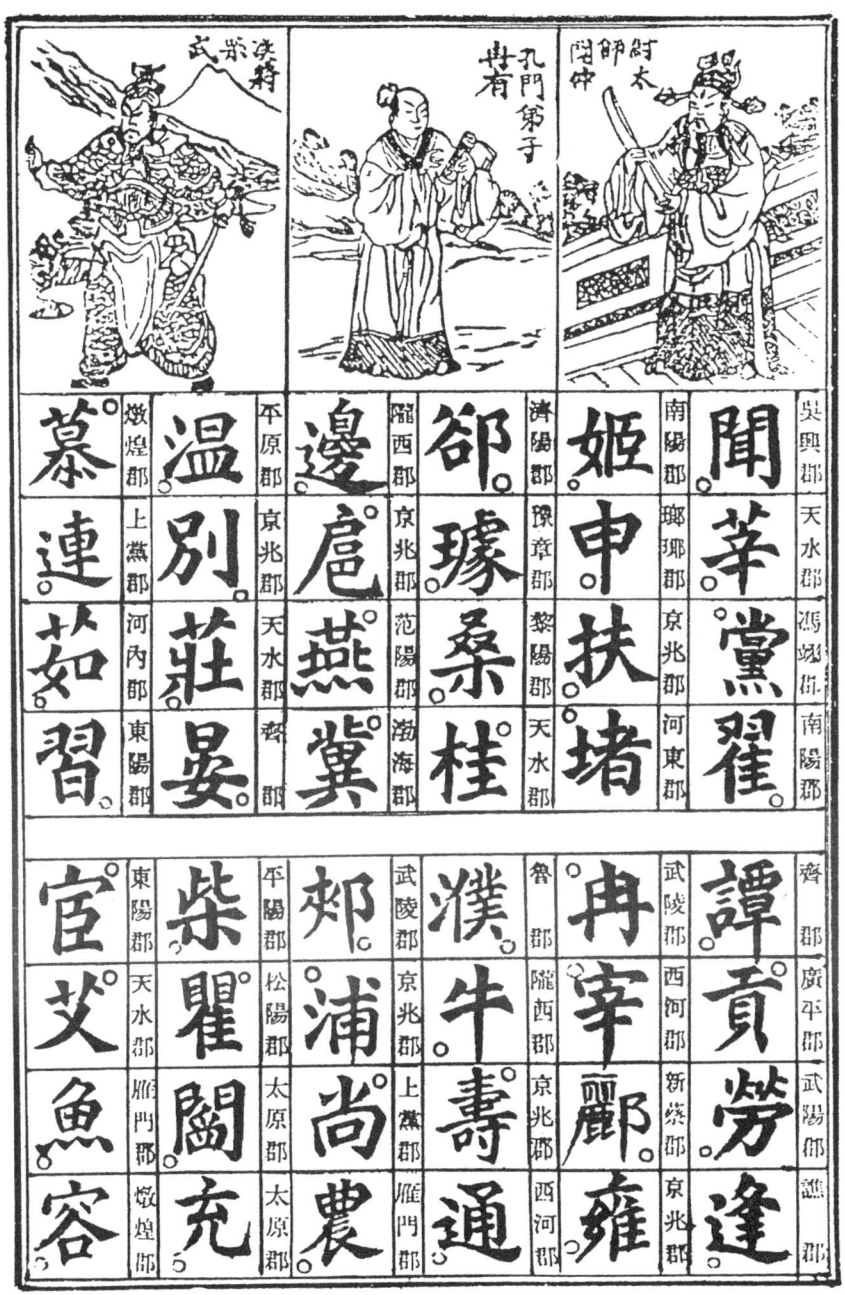

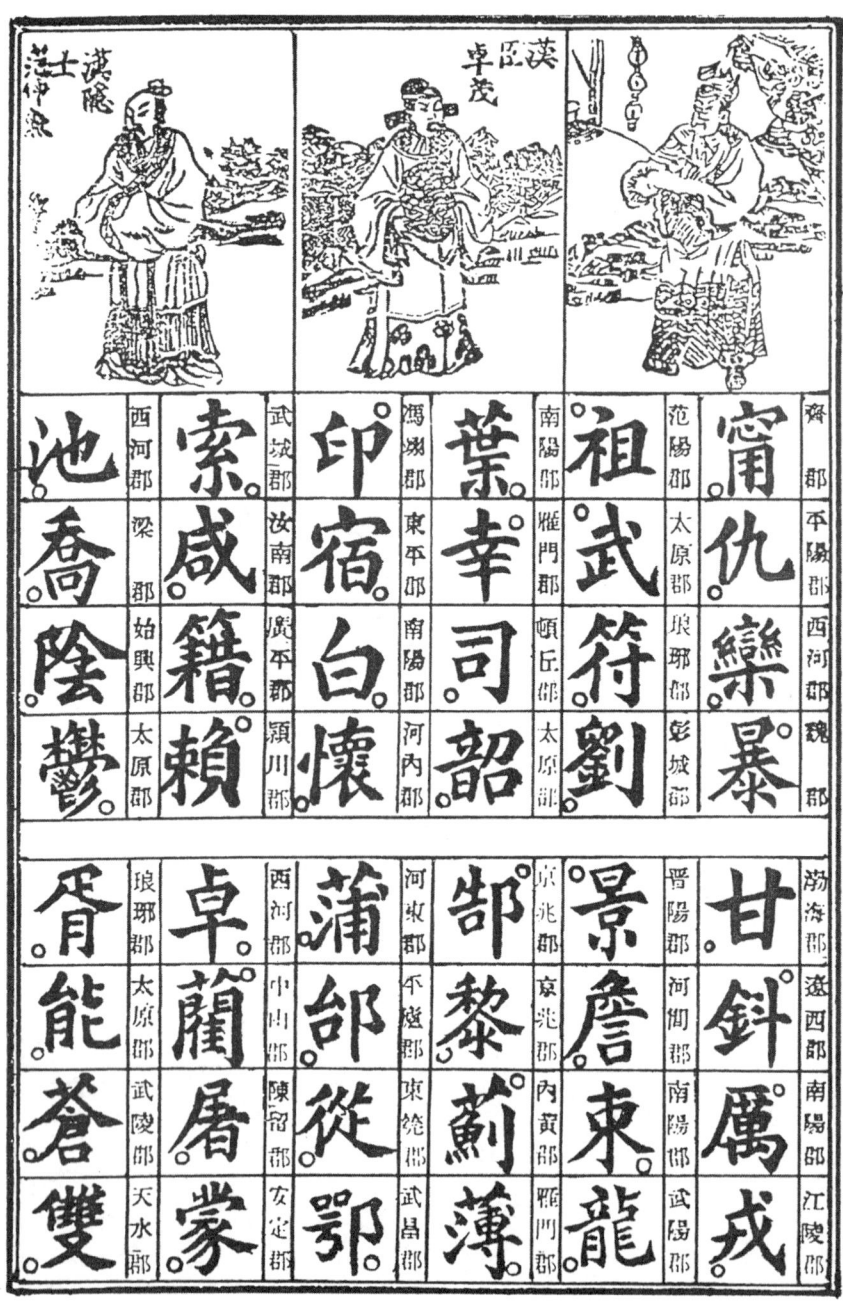

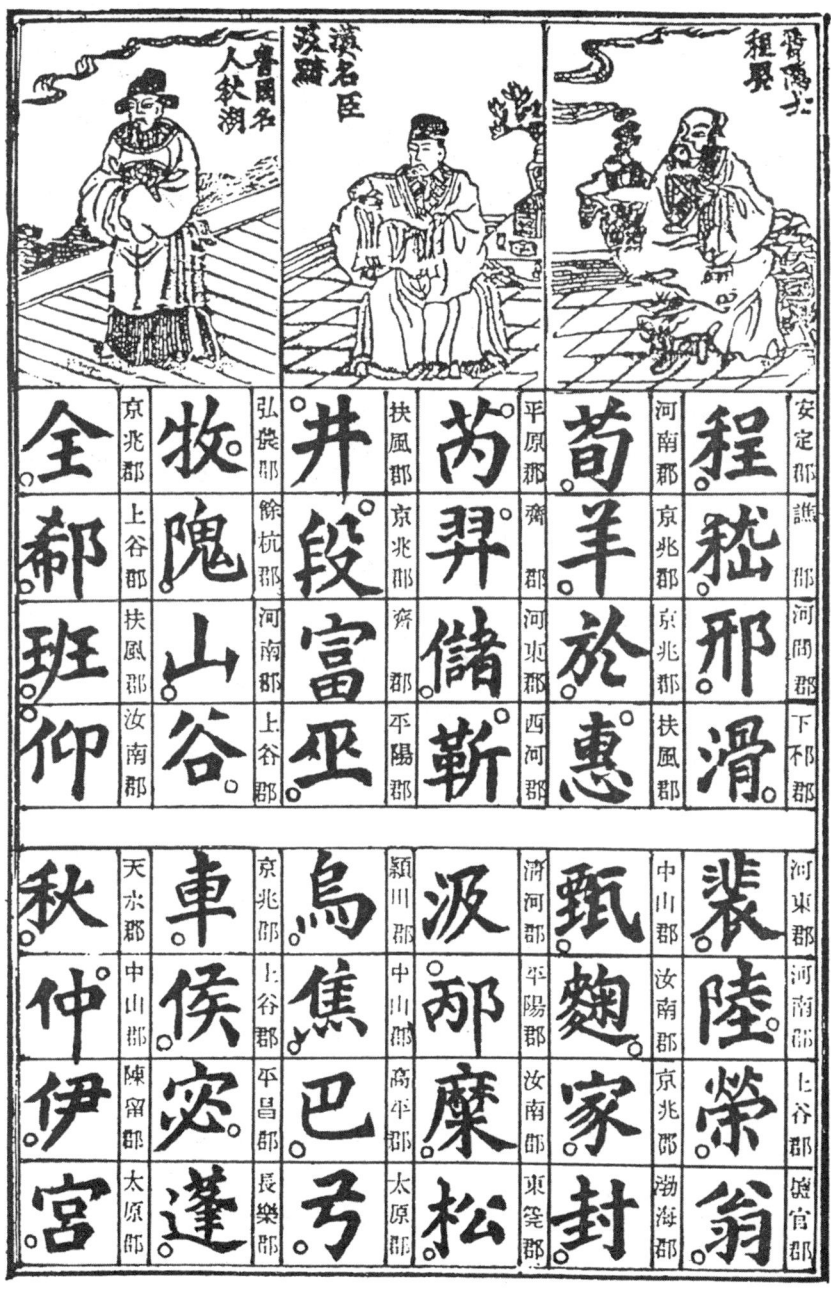

| 程 | 荀羊於 | 芮 | 井段 | 汲 | 裴陸榮 | 甄麴 |

孔子弟子 高柴
漢名人 丁公
宋學士 包拯

汝南郡 汝南郡	盛林	渤海郡 會稽郡 濟陽郡 原門郡	夏蔡田	陳留郡 扶風郡 邰陽郡 濟陽郡	萬支柯	滎陽郡 清河郡 渤海郡 蘭陵郡	房裴繆	濟陽郡 始平郡 宜城郡 南陽郡	宣貢鄧	上黨郡 琅邪郡 濟陽郡 武威郡	諸左石
汝南郡 西河郡 弘農郡	梅盛		高		虞		經		丁		包
潁川郡 東海郡 河南郡 內黃郡	鍾徐邱駱	上黨郡 安定郡 河間郡 太原郡	樊胡凌霍	太原郡 晉陽郡 范陽郡 鉅鹿郡	管盧莫	潁川郡 平陽郡 汝南郡 京兆郡	干解應宗	黎陽郡 南安郡 餘杭郡 燉煌郡	郁單杭洪	博陵郡 馮翊郡 吳興郡 武陵郡	崔吉鈕龔

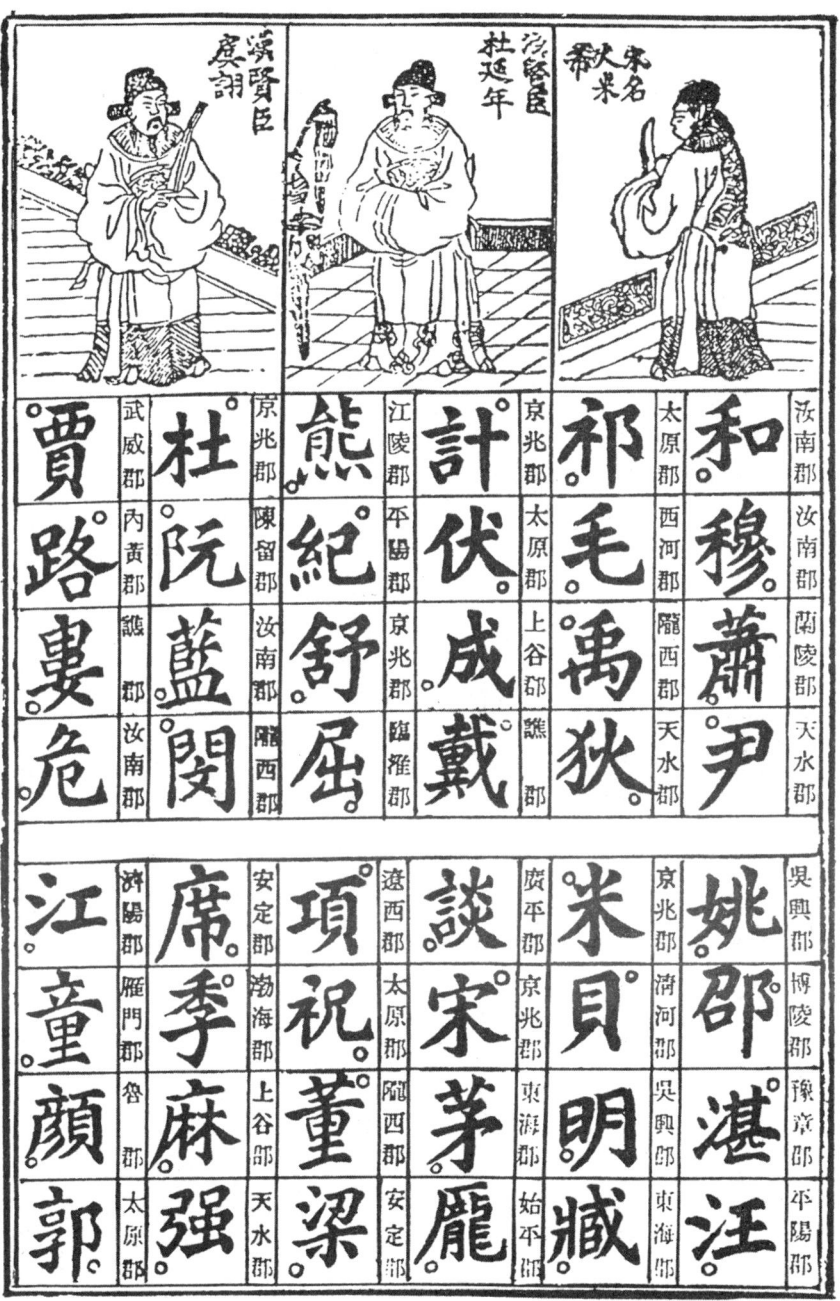

汝南郡 汝南郡 蘭陵郡 天水郡	太原郡 太原郡 隴西郡 天水郡	京兆郡 太原郡 上谷郡	京兆郡 平陽郡 京兆郡 臨淮郡	江陵郡 平陽郡 汝南郡 隴西郡	京兆郡 陳留郡 汝南郡	武威郡 內黃郡 譙郡 汝南郡	
和。穆。蕭尹。	祁毛禹狄。	計伏成戴。	熊紀舒屈。	杜阮藍閔	賈路婁危		

吳興郡 博陵郡 豫章郡 平陽郡	京兆郡 濟河郡 吳興郡 東海郡	廣平郡 京兆郡 東海郡 始平郡	遼西郡 太原郡 隴西郡 安定郡	安定郡 渤海郡 上谷郡 天水郡	濟陽郡 雁門郡 魯郡 太原郡	
姚邵湛汪。	米貝明臧。	談宋茅龐。	項祝董梁	席季麻強	江童顏郭。	

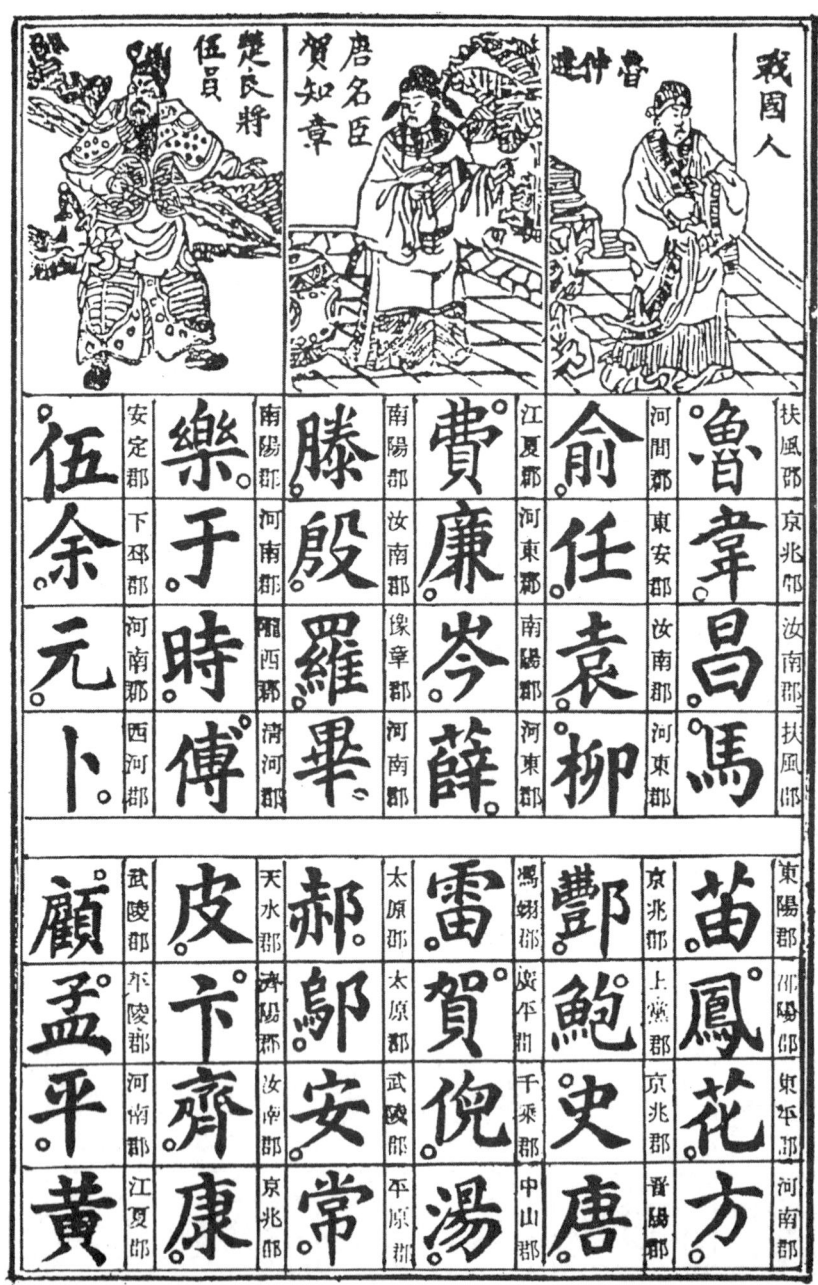

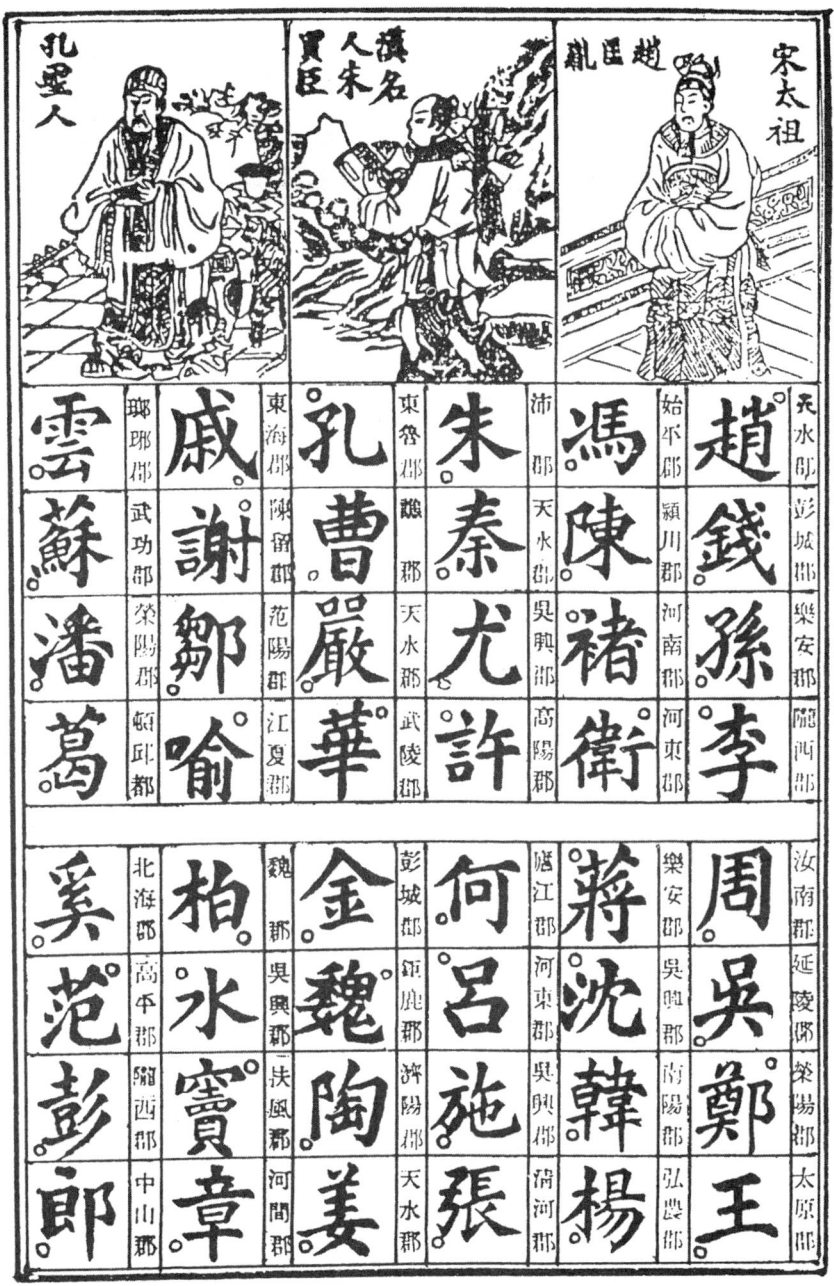

民國初 石印版《百家姓》

宋賢 岳武穆臣
戰國名人 西門豹
戰國名人 商鞅

山陽郡	馮翊郡	汝南郡平陽郡新鄭郡古滇郡	梁郡長葛郡京兆郡建平郡	隴西郡
岳帥緱元	梁丘左丘	商年佘佴	墨哈譙笪	第五言福
太原郡	濟郡			
后江郡	濟陽郡	魯郡吳郡東魯郡	懷遠郡西河郡隴西郡遼東郡	南陽郡京兆郡臨淄郡鴈門郡
況后有琴	東門西門	伯賞南宮	年愛陽佟	百家姓續
東海郡	梁園郡			

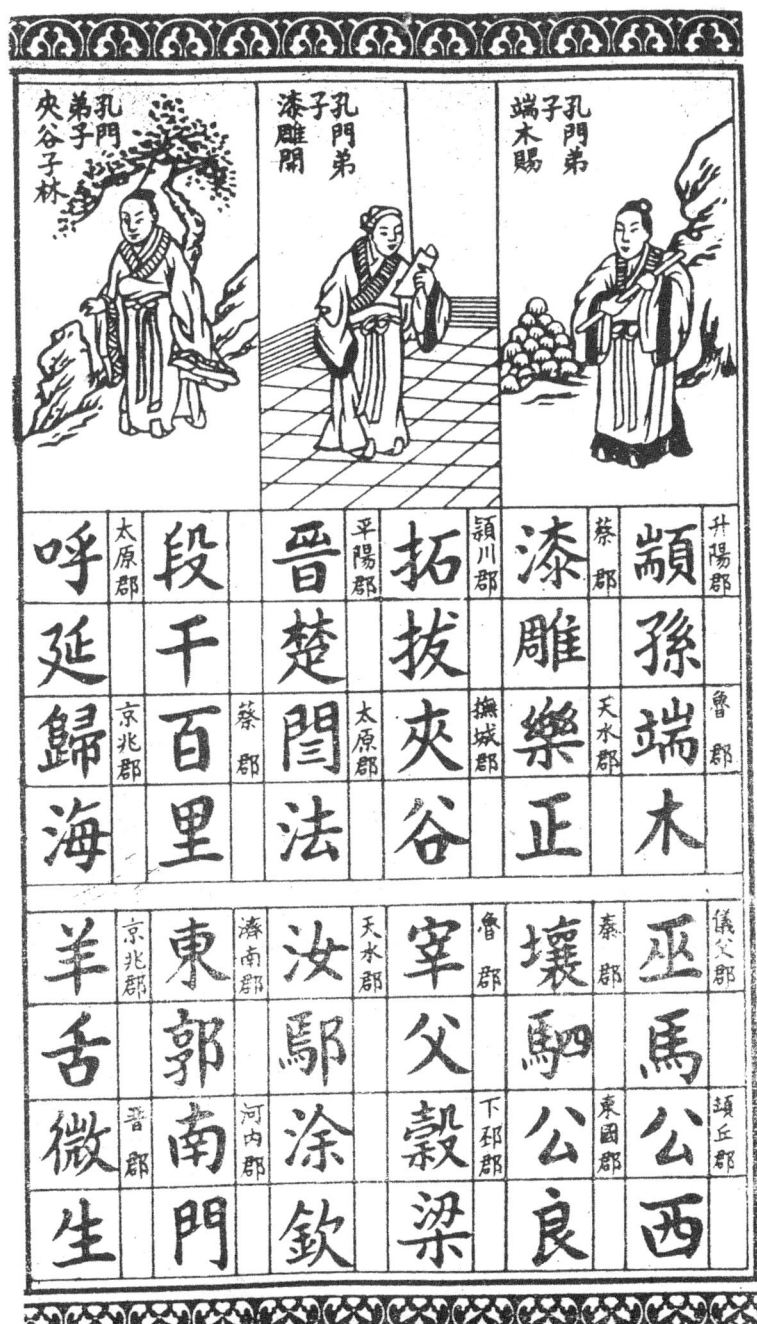

升陽郡	蔡郡	潁川郡	平陽郡		太原郡	
顓孫端木	漆雕	拓拔夾谷	晉楚閆法		段干百里	呼延歸海
魯郡	天水郡	撫城郡	太原郡	蔡郡	京兆郡	

儀父郡	秦郡	魯郡	天水郡	濟南郡	京兆郡	
巫馬公西	壤駟公良	宰父穀梁	汝鄢涂欽	東郭南門		羊舌微生
頓丘郡	東國郡	下邳郡		河內郡	晉郡	

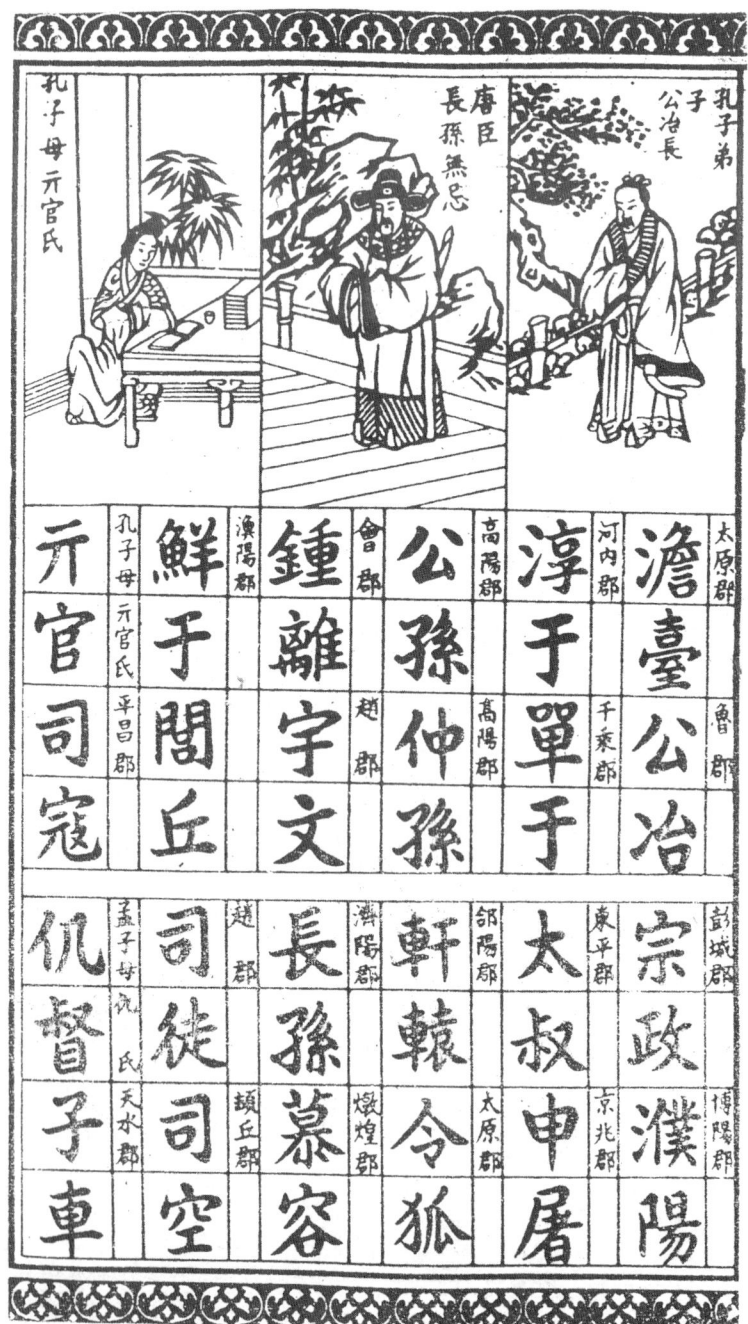

太原郡 澹臺公冶	河內郡 淳于單于	高陽郡 公孫仲孫	會郡 鍾離宇文	澆陽郡 鮮于閭丘	亓官司寇
魯郡 彭城郡 博陽郡 宗政濮陽	千乘郡 東平郡 京兆郡 太叔申屠	高陽郡 鄱陽郡 太原郡 軒轅令狐	趙郡 澆陽郡 頓丘郡 長孫慕容	孔子母亓官氏平昌郡 趙郡 司徒司空	孟子母仉氏天水郡 仉督子車

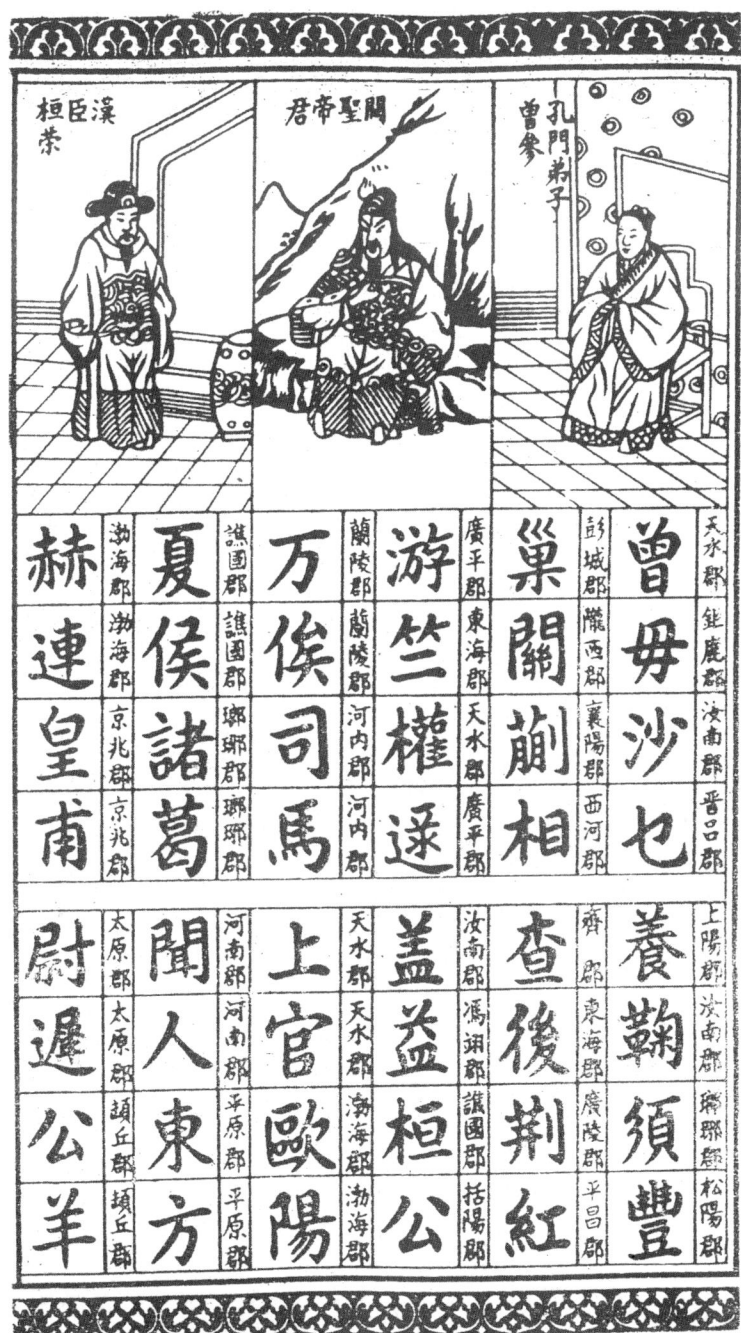

漢賢臣　簡殖
晋樂官　師曠
宋臣　向魋

河南郡 向	渤海郡 古	雁門郡 易	太原郡 慎
晋陽郡 暨	渤海郡 居	雁門郡 衡	平陽郡 步
平陽郡 匡	武功郡 國	太原郡 文	河南郡 寇
平陽郡 殳	太原郡 沃	河東郡 利	
太原郡 師	山陽郡 葦	括蒼郡 庫	天水郡 聶
京兆郡 冷	渤海郡 訾	隴西郡 辛	闞

臨海郡 戈	波南郡 廖	清陽郡 庚	南陽郡 終
黎陽郡 都	高陽郡 耿	河東郡 滿	太原郡 弘
丹陽郡 廣	扶風郡 祿	下邳郡 闕	平原郡 東
琅琊郡 蔚	晋陽郡 越	京兆郡 夔	南陽郡 隆
京兆郡 晁	渤海郡 勾	譙國郡 敖	南康郡 融
天水郡 那	范陽郡 簡	平陽郡 饒	孔郎郡 空

紂太師
聞仲

孔門弟子
冉有

漢將
柴武

吳興郡　天水郡	南陽郡　琅琊郡　京兆郡　河東郡	濟陽郡　豫章郡　黎陽郡　天水郡	隴西郡　京兆郡　范陽郡　渤海郡	平原郡　京兆郡　天水郡　齊郡	燉煌郡　上黨郡　河內郡　東陽郡
聞華黨翟	姬申扶堵	邵璩桑桂	邊扈燕冀	溫別莊晏	慕連茹習
濟陽郡　廣平郡　武陽郡　長樂郡	武陵郡　西河郡　新蔡郡　京兆郡	魯國郡　隴西郡　京兆郡　西河郡	武陵郡　京兆郡　上黨郡　雁門郡	平陽郡　松陽郡　太原郡	東陽郡　天水郡　雁門郡　燉煌郡
譚貢勞逄	冉宰酈雍	漢牛壽通	郟浦尚農	柴瞿閻充	宦艾魚容

馮翊郡　南陽郡

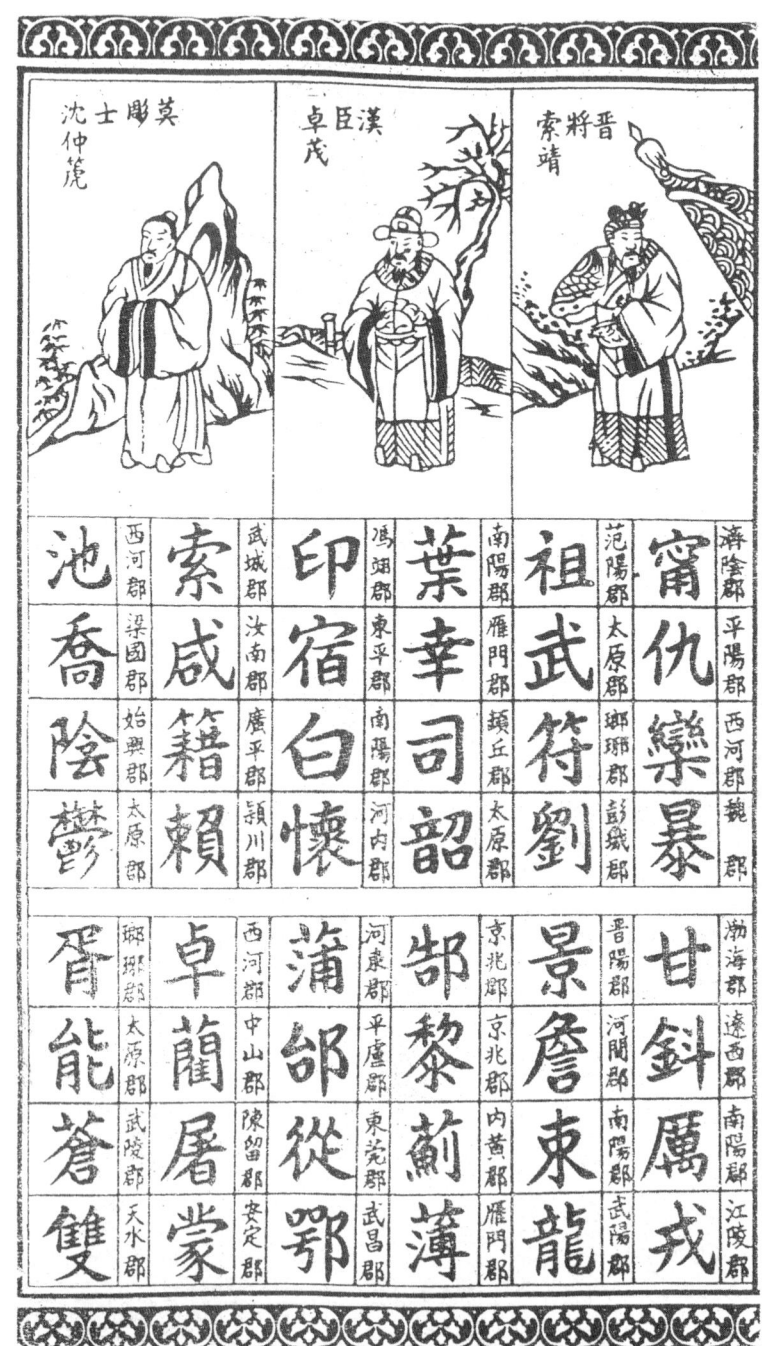

濟陰郡 仇 平陽郡 欒 西河郡魏郡 暴	范陽郡 祖 太原郡 武 琅琊郡 符 彭城郡 劉	南陽郡 葉 雁門郡 幸 穎丘郡 司 太原郡 韶	馮翊郡 印 東平郡 宿 南陽郡河內郡 白 懷	武城郡 索 汝南郡 咸 廣平郡 籍 始興郡太原郡 賴	西河郡 池 梁國郡 喬 陰 欝
渤海郡 甘 遼西郡 鈄 南陽郡 厲 江陵郡 戎	晉陽郡 景 河間郡 詹 南陽郡武陽郡 束 龍	京兆郡 郤 平廬郡 黎 東莞郡雁門郡 蘮 薄	河東郡 蒲 中山郡 邰 陳留郡 從 安定郡 鄂	西河郡 卓 太原郡 藺 武陵郡 屠 天水郡 蒙	琅琊郡 晉 太原郡 能 蒼 雙

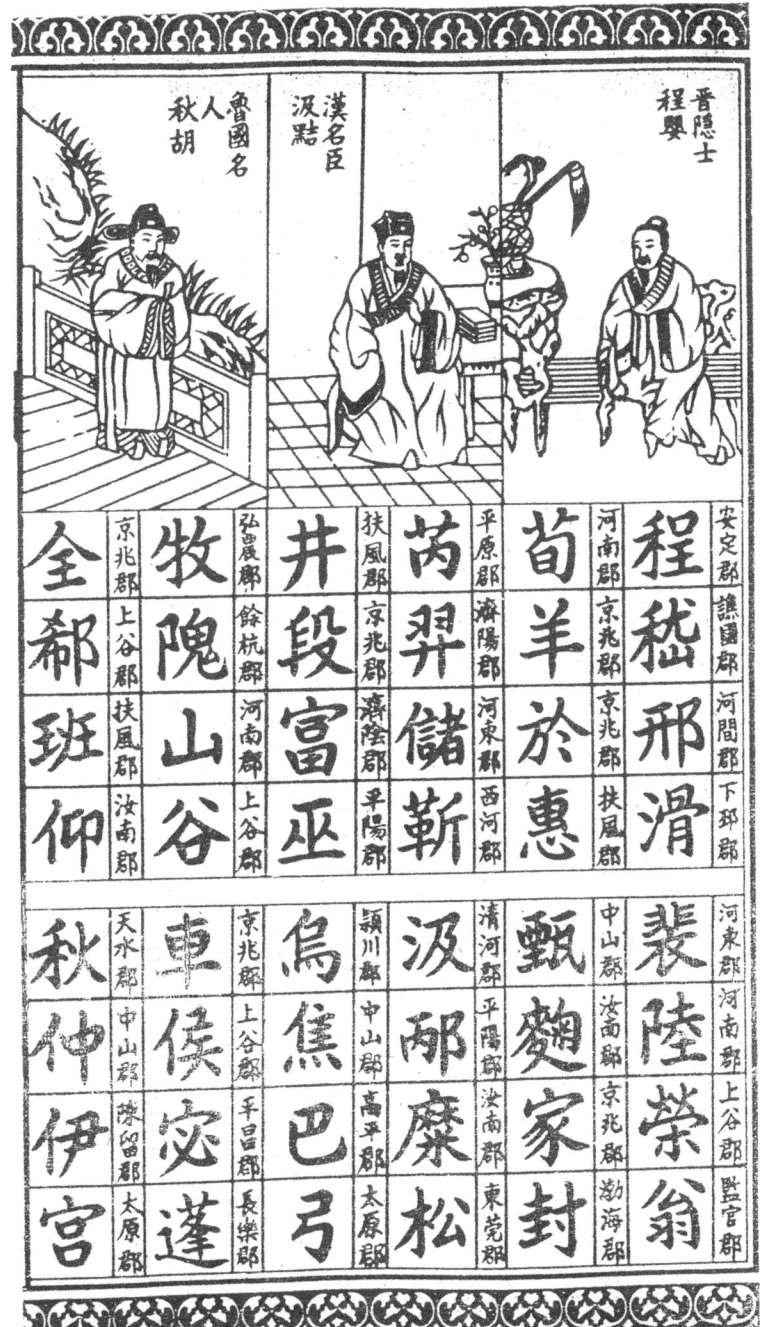

| 宋學士
包拯 | 漢名人
丁公 | 孔門弟子
高柴 |

上黨郡 包 瑯琊郡	濟陽郡 丁 始平郡	榮陽郡 經 清河郡	陳留郡 虞 扶風郡	勃海郡 高 會稽郡	汝南郡 梅 汝南郡	汝南郡 盛 西河郡	 林 弘農郡	 刁
 諸 濟陽郡	 宣 宣城郡	 房 勃海郡	 萬 鄱陽郡	 夏 譙陽郡	 蔡 濟陽郡	 田 原門郡	 鍾 潁川郡	 徐 東海郡
 左 武威郡	 貢 	 裘 南陽郡	 支 	 柯 濟陽郡	 樊 上黨郡	 胡 安定郡	 凌 河間郡	 邱 河南郡
 石 	 鄧 	 繆 蘭陵郡	 柯 	 昝 潁川郡	 管 太原郡	 盧 晉陽郡	 霍 太原郡	 駱 內黃郡
 崔 博陵郡	 郁 黎陽郡	 千 	 解 平陽郡	 應 汝南郡	 宗 京兆郡	 莫 鉅鹿郡		
 吉 	 單 南安郡	 杭 餘杭郡	 洪 敦煌郡					
 鈕 吳興郡	 龔 武陵郡							

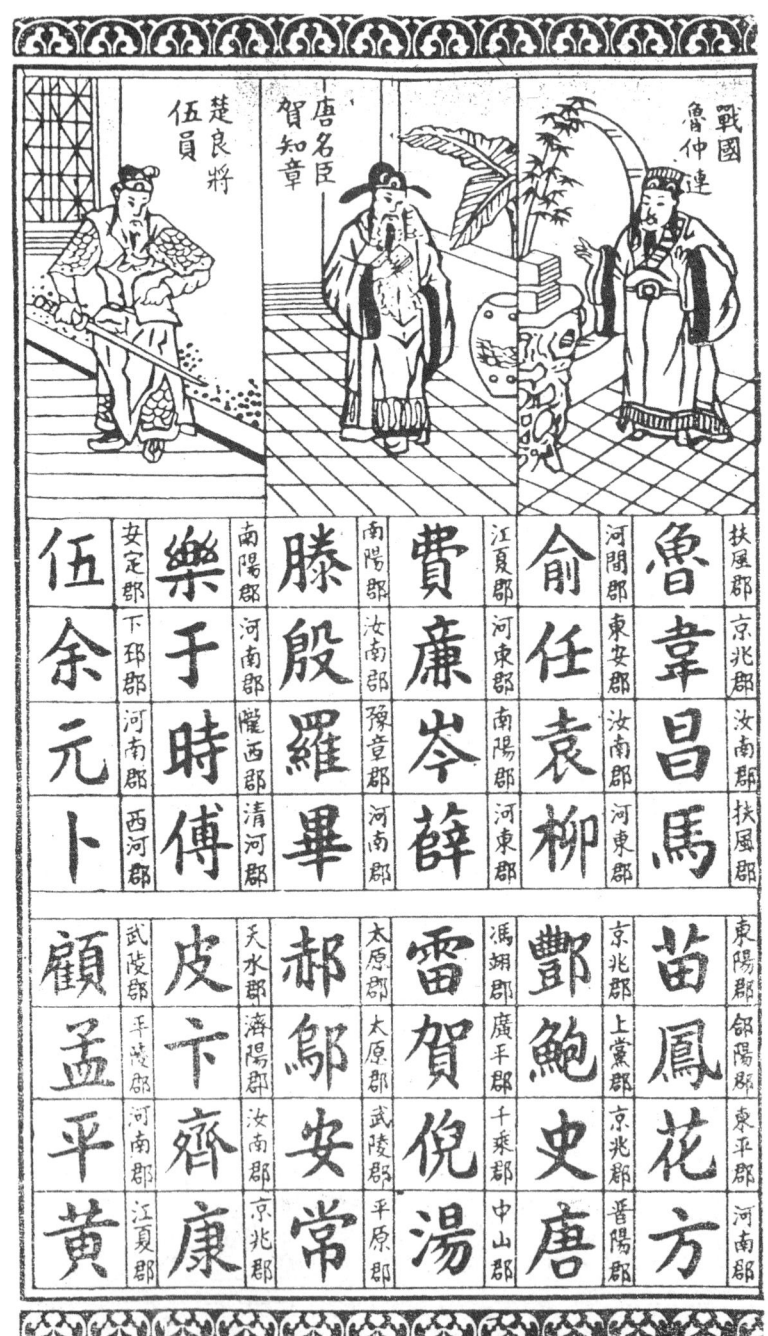

戰國 魯仲連
唐名臣 賀知章
楚良將 伍員

伍	樂 安定郡 下邳郡	滕 南陽郡 河南郡	費 南陽郡 汝南郡	俞 江夏郡 河東郡	魯 河間郡 東安郡	扶風郡 京兆郡
余	于 河南郡	殷 隴西郡	廉 汝南郡 豫章郡	任 汝南郡 南陽郡	韋 東安郡 汝南郡	汝南郡 扶風郡
元 河南郡	時	羅	岑	袁 河東郡	昌	
卜 西河郡	傅 清河郡	畢	薛 河南郡	柳 河東郡	馬	
顧 武陵郡 平陵郡	皮 天水郡 濟陽郡	郝 太原郡 太原郡	雷 馮翊郡 廣平郡	鄷 京兆郡 上黨郡	苗 東陽郡 邯陽郡	
孟 河南郡	卞 汝南郡	鄔 武陵郡	賀 千乘郡	鮑 京兆郡 晉陽郡	鳳 東平郡	
平 江夏郡	齊 京兆郡	安 平原郡	倪 中山郡	史	花	
黃	康	常	湯	唐	方 河南郡	

宋太祖 趙匡胤　｜　漢名人 朱買臣　｜　孔聖人

趙（天水郡）	周（汝南郡）	馮（始平郡）	蔣（樂安郡）	朱（沛國郡）	何（盧江郡）	孔（東魯郡）	金（彭城郡）	戚（東海郡）	柏（魏郡）	雲（琅琊郡）	奚（北海郡）
錢（彭城郡）	吳（延陵郡）	陳（潁川郡）	沈（吳興郡）	秦（天水郡）	呂（河東郡）	曹（譙國郡）	魏（鉅鹿郡）	謝（陳留郡）	水（吳興郡）	蘇（武功郡）	范（高平郡）
孫（樂安郡）	鄭（滎陽郡）	褚（河南郡）	韓（南陽郡）	尤（吳興郡）	施（吳興郡）	嚴（天水郡）	陶（濟陽郡）	鄒（范陽郡）	竇（扶風郡）	潘（滎陽郡）	彭（隴西郡）
李（隴西郡）	王（太原郡）	衛（河東郡）	楊（弘農郡）	許（高陽郡）	張（清河郡）	華（武陵郡）	姜（天水郡）	喻（江夏郡）	章（河間郡）	葛（頓邱郡）	郎（中山郡）

Ⅱ. 《百家姓》 영인본

임동석(茁浦 林東錫)

慶北 榮州 上茁에서 출생. 忠北 丹陽 德尙골에서 성장. 丹陽初中 졸업. 京東高 서울 教大 國際大 建國大 대학원 졸업. 雨田 辛鎬烈 선생에게 漢學 배움. 臺灣 國立臺灣師範大學 國文研究所(大學院) 博士班 졸업. 中華民國 國家文學博士(1983). 建國大學校 教授. 文科大學長 역임. 成均館大 延世大 高麗大 外國語大 서울대 등 大學院 강의. 韓國中國言語學會 中國語文學研究會 韓國中語中文學會 會長 역임. 저서에 《朝鮮譯學考》(中文) 《中國學術槪論》 《中韓對比語文論》. 편역서에 《수레를 밀기 위해 내린 사람들》 《栗谷先生詩文選》. 역서에 《漢語音韻學講義》 《廣開土王碑研究》 《東北民族源流》 《龍鳳文化源流》 《論語心得》 〈漢語雙聲疊韻研究〉 등 학술 논문 50여 편.

임동석중국사상100

백가성 百家姓

作者未詳 / 林東錫 譯註
1판 1쇄 발행/2010년 6월 1일
발행인 고정일
발행처 동서문화사
창업 1956. 12. 12. 등록 16-3799(윤)
서울강남구신사동540-22 ☎546-0331~6 (FAX)545-0331
www.epascal.co.kr
잘못 만들어진 책은 바꾸어 드립니다.

＊

이 책의 출판권은 동서문화사가 소유합니다.
의장권 제호권 편집권은 저작권 법에 의해 보호를 받는 출판물이므로 무단전재와 무단복제를 금합니다.
이 책의 일부 또는 전부 이용하려면 저자와 출판사의 서면허락을 받아야 합니다.

＊

사업자등록번호 211-87-75330
ISBN 978-89-497-0621-4 04080
ISBN 978-89-497-0542-2 (세트)

임동석중국사상100

백가성
百家姓
부록

作者未詳 / 林東錫 譯註

錢鏐 五代 南唐의 군주 《백가성》과 깊은 관련이 있는 듯하다.